三田

慶應義塾　歴史散歩

＊

昭和 31 年の三田キャンパス航空写真。谷口吉郎の建築が並ぶが、戦火を受けた大講堂が痛々しい。正門（南門）はまだない。

†

現在の正門と南校舎

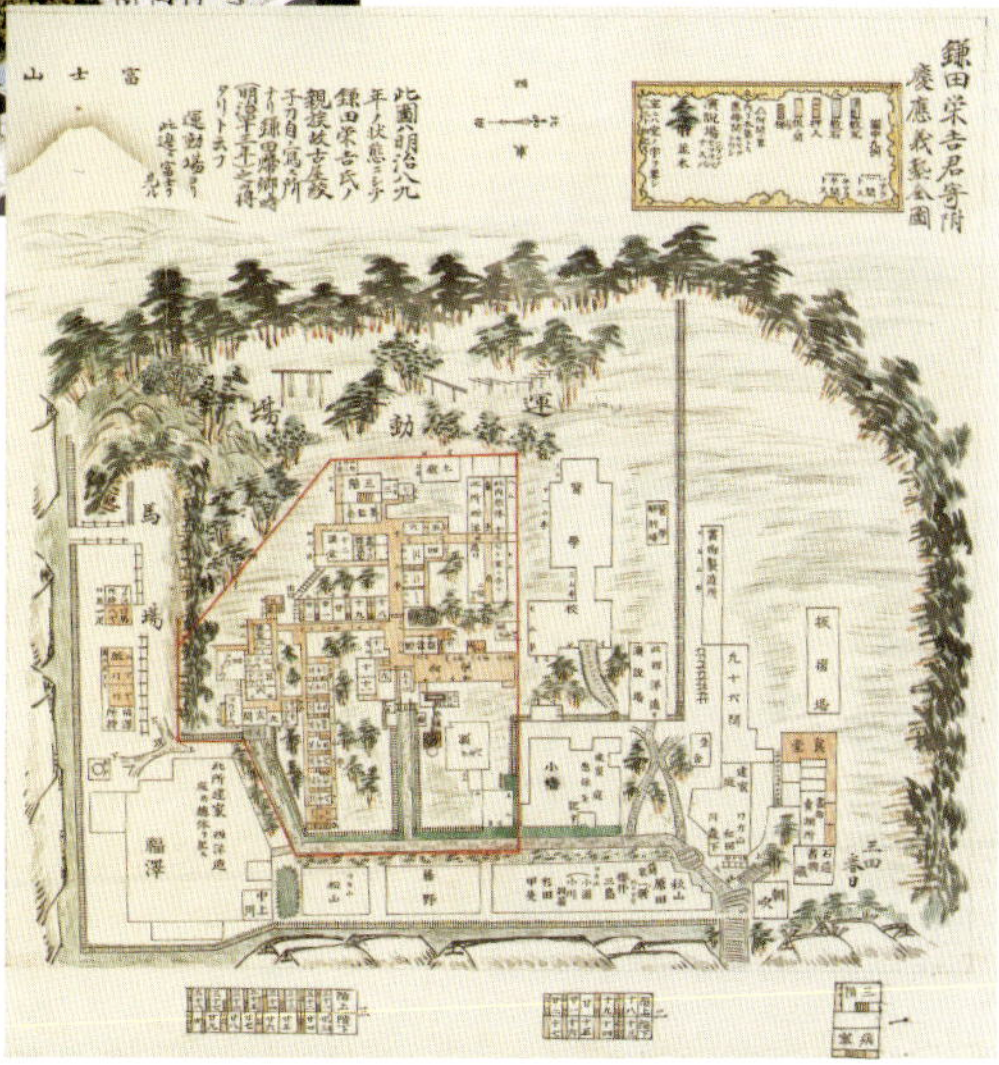

明治 8、9 年頃の三田構内を描いた絵図［慶應義塾図書館蔵］

† 慶應義塾広報室提供
＊ 慶應義塾福澤研究センター蔵

*

創立 100 年（昭和 33 年）の頃の三田山上。正面は四号館（第三校舎、設計谷口吉郎）、左は学生ホール（設計谷口吉郎）。右は第一校舎。

*

昭和 20 年代の中庭風景。式典はすべてここで行われていた。

昭和 30 年代の幻の門と図書館

†

三田キャンパスのシンボルとも言える大公孫樹

現在の演説館

慶應義塾　歴史散歩

日吉

*

医学部予科校舎として建設された第二校舎（昭和 11 年竣工）。竣工間もない頃。

*

かまぼこ兵舎（占領中）。日吉返還後も教室として使用された。

*

日吉寄宿舎（ローマ風呂）

†

日吉キャンパスのシンボル、銀杏並木

†

まむし谷のテニスコート。奥は日吉記念館

矢上・信濃町

日吉から矢上台をのぞむ。

藤原工業大学発祥の地記念碑（日吉キャンパス）

戦後、昭和 47 年まで工学部があった小金井キャンパス正門

取り壊し直前の別館（道路左側）。その先に北里図書館、予防医学校舎が並ぶ。

昭和 32 年の四谷（信濃町）。病院本館は戦後最大の木造建築物と言われた。

慶應義塾歴史散歩 キャンパス編

加藤三明・山内慶太・大澤輝嘉 編著

慶應義塾大学出版会

まえがき

青春時代を謳歌したキャンパスへの思い入れは各人様々ではあるが、往時の校地の風景を通して学園生活を回想する態度は共通している。また、当然の如く思い出す風景はその時代、場所によって異なるが、それらの一つ一つを辿っていくと、特有の学風というものが見えてくる。慶應義塾の学風もそういったものであろう、否、それ以上の思い入れが義塾関係者、増して卒業生である塾員にはある。それらの一端を紹介しようという試みが、『三田評論』に連載した記事をまとめて本書発刊に至った経緯といってもよかろう。

第二次世界大戦の直後に作られたカレッジソング「慶應讃歌」の三番の歌詞には、「あゝ美しき三田の山　第二の故郷三田の山　共にむつみし幾年は　心に永くとゞまらん　月去り星は移るとも　夢に忘れぬその名こそ慶應　慶應　慶應義塾　永遠に讃えん我が母校」とある。この曲の作詞、作曲者で木琴奏者として名高い平岡養一は、「塾員たちが第二の故郷である母校をいつまでもしのび、塾員であることを終生の誇りとして歌う。」と語っており、事実多くの塾員がこれと同じ思いでこれを歌い継いでいる。

慶應義塾は、安政五（一八五八）年秋に江戸に下った数え年二十五歳の福澤諭吉が、築地鉄砲洲にあった中津藩中屋敷内に開いた蘭学塾に端を発する、現存する日本最古の私学である。その後キャンパスは、芝新銭座を経て、島原藩の中屋敷があった三田の高台に落ち着いた。その後、塾生の増加から三田山上の校地だけでは手狭になり、高台の西の三田綱町に、普通部（旧制中学校）校舎、グラウンドと敷地を拡大していく。

その後も広尾に寄宿舎、幼稚舎（小学校）を、武蔵新田にグラウンドを新設した。しかし、そうした努力も限界に達し、昭和九（一九三四）年東京横浜電鉄から提供を受けた横浜市港北区日吉に新たな校地を得、諸施設が整備され、旧制大学予科の学生が学ぶ場となった。また、それに先立つ大正九（一九二〇）年には新宿区信濃町から大京町にかけての陸軍用地の払い下げを受けて、医学部、大学病院が設けられた。

第二次世界大戦前後の困難を乗り越え、新制中高の開校、理工学部の矢上キャンパス移転を経て、平成の元号に入ると、湘南藤沢キャンパス、ニューヨーク学院、芝共立キャンパス、横浜初等部の開校と、校地の拡大を見る。これら新たな施設が新たな史跡を生んでいくことになるであろう。

平成二十九年十月

著者を代表して　大澤輝嘉

目次

日吉・矢上

信濃町

一貫教育校他

＊本書は『三田評論』（慶應義塾発行）連載の「慶應義塾史跡めぐり」から選び出した原稿に加筆・修正を加え編集したものである。新たに書き下した項もある。執筆者は各項末に記した。
＊巻末の地図は『慶應義塾史事典』（慶應義塾）を参考にして作成した。概略を示したもので適宜省略している部分もある。

三田演説館と稲荷山

三田の山で唯一福澤諭吉存命当時の面影を残す建物である「三田演説館」と、演説館のある「稲荷山」を紹介する。

三田演説館

自分の意思を多数の相手に伝達する手段として、演説や討論という方法を日本に紹介したのは福澤諭吉をはじめとする初期の慶應義塾門下生であった。

スピーチは、中津藩で藩士が非公式に自分の意見を上申するときに使った「演舌書」という言葉をもとに、「舌」という字が俗なために「説」に換え「演説」とし、ディベートを「弁論・討論」と訳したもので、共に福澤諭吉の造語である。明治六（一八七三）年梅雨のころから演説討論の練習を始め、明治七（一八七四）年に三田演説会を組織し、明治八年五月一日に三田演説会の専用演説ホールとして三田演説館が建てられた。演説館は日本最初の演説会堂である。

外観は、寄棟瓦葺《よせむねかわらぶき》、海鼠《なまこ》壁、木造一部二階建て土蔵造り。洋風の意匠が見られるのは、東側の切妻屋根のついた玄関ポーチと、ガラスを嵌《は》めた上げ下げ窓のみである。玄関ポーチの欄間《らんま》、天井には、明治初期に流行した木摺りの交差透《こうさすき》打ちが見られ、出入口上部は櫛形のアーチをなしている。間口が約九メートル（五間）、奥行約一三・五メートル（一三間）、床面積一九一・一六平方メートル（五八坪余）、総面積は付属建物合わせて二九〇・三四平方メートル（八七・八坪余）。

海鼠壁とは城郭・武家屋敷・商家・土蔵などの外壁で、四角い平瓦（タイルのようなもの）を並べて打ち付け、目地を漆喰でかまぼこ型に盛り上げて塗ったもの。目地は碁盤状の場合と、菱状の場合があるが、三田演説館の目地は菱状。防火の働きもする。海鼠壁は雨に弱い土蔵、土塀などの外壁面の仕上げの技法として、江戸期に隆盛したものである。東京の近郊では伊豆半島が海鼠壁の多く集まる場所として知られており、同地域では鏝絵《こてえ》など高度な左官技術文化も花開いている。そんな海鼠壁だが、これがなぜか最初期の西洋風建築にたびたび採用された。当初、外国人居留地において、火災に強いことが喜ばれたものと思われるが各地に飛び火した理由としては、慶応四（一八六八）年築地居留地の設立にあわせて建設された、外国人向けの日本初の和洋折衷様式ホテルである「築地ホテル館」がこの海鼠壁建築であったことが大きい。日本伝統の海鼠壁はひょんなことから、文明開化の一様式として認められてしまったのである。

◉演説館（大正 12 年頃撮影）［慶應義塾福澤研究センター蔵］

一方、内部は全くの洋式で、当時としては最も新しいオーディトリウム（auditorium 聴衆席、観客席）の形式が明確な手法で取り入れられている。正面奥に演壇があり、その背後には曲面の壁を廻らし、聴衆席は二列の柱で縦に三分割された趣であり、中央部は二階まで吹抜けとなっている。二階の左右はギャラリーとなって、小規模ではあるが完全な講演室のプランが、巧みに実現されている。従って、「演説」という新しい「機能」のために、その設計には音響的にも採光的にも充分な注意が払われて、その造形意匠は甚だ合理主義である。

慶應義塾の建物を数多く設計した建築家谷口吉郎《たにぐちよしろう》氏は、演説館に関して以下のように述べている。「ヨーロッパに於いて、新しい合理的建築美が唱えられだしたのは、十九世紀末オーストリア、ウィーンで興った急進的美術・建築改革運動であるゼツェッション（Sezession）運動がその先駆であって、それは明治三十（一八九七）年頃のことであった。それは、建築美の必要条件として「合目的性」と「適材性」を主張するもので、建築の美しさは、その建物の使用目的と構造材料に基づくべきことを主張した芸術運動であった。

そのことを考えると、福澤先生によって創設された「演説館」の建築には、ゼツェッションの美意識が早くも感得されていたと感じられる。しかも、それはゼツェッションよりも更に二十数年以前の早い時期であったことから、この建物が歴史的資料としてのみでなく、日本の洋式黎明期の建築美という点でも注目に値すると言えよう。」（「演説館の建築」）

聴衆四〇〇～五〇〇名を容れるに足り、都内に現存する洋館としては最古のものである。ちょうどそのころアメリカに行っていた外交官富田鉄之助に依頼して種々の会堂の図面を取り寄せ、それを参考に二千数百円を投じて造られたという。和洋それぞれの要素を必要に応じて融合する、明治初期の「擬洋風建築」の珍しい遺構とされている。

当初は旧図書館と塾監局の中間辺にあったが、大正十二（一九二三）年の関東大震災で損傷した後修復され、大正十三年に現在の「稲荷山」の地に移された。なお、この移転には、記念すべき建物を火災などの危険から守ろうという意図もあった。実際に、第二次世界大戦時の空襲の際、昭和二十（一九四五）年五月二十四日から二十六日の三日間にわたって、三田山上は大きな被害を受けたにもかかわらず、演説館は、土台すれすれに爆弾を受けながら奇跡的に破損を逃れた。

◉演説館

福澤諭吉は、「其規模こそ小なれ、日本開闢以来最第一着の建築、国民の記憶に存するべきものにして、幸に無事に保存するを得ば、後五百年、一種の古跡として見物する人もある可し」（「福澤全集緒言」）と述べておられたが、大正四（一九一五）年には東京府からはやくも史蹟に指定され、また昭和三十五（一九六〇）年三月に東京都重宝（建造物）の指定を受け、さらに昭和四十二（一九六七）年国指定重要文化財に指定された。平成七（一九九五）年十二月より一年四カ月かけて解体修復が施され、平成九年四月に完成した。

今日でも三田演説会や、福澤先生ウェーランド経済書講述記念日の講演会、名誉学位授与式などの義塾の公式行事に利用されている。

演壇後ろに掲げてある絵は、和田英作原画「演説姿の福澤諭吉」の模写である。和田の門下生松村菊麿《まつむらきくまろ》が、昭和十二(一九三七)年に手がけたもの。昭和三十五年四月、当時の西ドイツ首相アデナウアー来塾に先立ち、神戸慶應倶楽部から寄贈された。

和田英作制作の原画は、和服姿の福澤諭吉が両手を組んで演説している様子を、福澤の生前、塾員の洋画家夏井潔が描いたスケッチをもとにしたものと言われ、真に生けるがごとく、見るものに深い感銘を与えた。高さ二間余り(約三・六メートル)、幅一間(約一・八メートル)、重量六〇貫(約二二五キログラム)に近い大作で、大正九(一九二〇)年塾員成瀬正行からの寄贈であった。この原画は、現在西校舎の建っている所にあった「大講堂(大ホール)」の壇上に掲げてあったが、残念ながら第二次世界大戦中の昭和二十(一九四五)年五月二十四日〜二十六日の空襲で焼失してしまった。

稲荷山

演説館の建つところ、三田の山の中でも更に小高い丘になっている場所を稲荷山という。三田の校地は元島原藩中屋敷である。江戸末期の文化文政期には、在府の諸大名が藩の財政負担をいくらかでも減らそうと、屋敷内に「ほこら」(淫祠《いんし》)を設け、周辺の町人に開放して賽銭稼ぎをしたと言われている。島原藩もそれにならい、藩邸南西部に稲荷祠を設けわずかな現金収入をうるとともに、品川の海の眺望をほしいままにする機会を与えたもののようである。文政十二(一八二九)年の記録(大郷信斎『道聴塗説』第一九編)には、三田島原侯の別邸に住む老狐は、数百年の星霜を経ていて神霊に通じる力があるとの噂を載せている。義塾移転の後、明治五、六(一八七二、三)年の三田絵図には、南西隅に「イナリ」と鳥居の絵が描いてあり、同八、九(一八七五、六)年のそれには既にないので、その間に祠は取り払われたものらしい。平成十七(二〇〇五)年三月に竣工した「南館」の南側へと抜ける石段がわずかにその名残を留めているのみである。

この稲荷山に特別な思いを寄せるのが、商工学校の卒業生である。明治三十八(一九〇五)年から昭和二十四(一九四九)年まであった商工学校は、校舎が稲荷山の東側、現在の南門広場近くにあったので、この稲荷山は商工生の憩いの場だった。商工同窓会の機関紙は『稲荷山から』と称している。

[大澤輝嘉]

慶應義塾図書館

私立の気概を秘めた義塾のシンボル

悲願の建築

　慶應義塾は私立である。有志が出し合わない限り、お金はどこからも湧いて出ない。しかも国から正式な「大学」の資格を与えられているのは帝国大学（東京・京都・東北・九州）のみで、私立である慶應は、法律上「専門学校」として扱われていた。そういう官尊民卑甚だしい時代に建ったのが、今日でも義塾のシンボルとされる赤煉瓦の慶應義塾図書館（旧館）であった。明治四十五年のことである。つまり私立の底力を示そうとした、幾分背伸びした建築だったといっても良い。

　図書館建設資金募集が開始されたのは、完成に先立つこと六年、明治三十九年のこと。創立五十年を記念する式典が三田山上で行われたのは翌四十年のことだった。当時全国に官公私立の図書館はわずかに一七〇、東京市内には一三館、そのうち学校関係は、東京帝大、早稲田、学習院、そして義塾だけだったという（『慶應義塾図書館史』）。中でも東京帝大は三六万冊を備えて群を抜き、早稲田が一〇万冊以上、義塾はまだ三万冊という状態であった。

　そもそも義塾において図書館は早くから重要性が意識されていた。福澤の『西洋事情』は「文庫」として西洋の図書館を紹介し、さらに福澤は懇意の槇村正直と図って、明治五年に京都に「集書院」と称する日本初の公共図書館も開設した。三田の旧島原藩邸に移った慶應義塾では、月波楼《げっぱろう》の名で江戸名所として知られた旧藩邸の三階部分を図書室にあて、次いで煉瓦講堂と呼ばれた建物に「書館」の名で図書室を設けていたが、経営さえ綱渡りの一私学として、独立した図書館建築を持つ理想は、悲願の一つであった。

　当時の義塾評議員会議長は、三菱の大番頭と呼ばれた実業家荘田《しょうだ》平五郎。彼は荒野だった丸の内をオフィス街に変貌させたことで知られ、その設計に従事していた技師の曾禰《そね》達蔵へ塾図書館の設計を依頼する。彼はまもなく中《ちゅう》條《じょう》精一郎と共同で建築事務所を開設。そのデビュー作として図書館設計に取り組み、赤煉瓦と花崗岩を組み合わせたゴシック様式の最終案が完成した。

明治四十二年五月地鎮祭を執行、同年十一月には「安礎式」が行われた。いま図書館の正面玄関右脇の壁に、その時据え付けられた「安礎」と刻まれた岩を見ることが出来る。

開館式はその二年半後、明治四十五年五月十八日に行われた。建築費は二十三万七千円余、全額が寄付金によってまかなわれたのはいうまでもない。塾内外の有志一千名以上から集まった資金であった。

戦前の館内

それでは戦前の館内をのぞいてみよう。この建物は本館と書庫からなっている。事務室や閲覧室などがある本館は建物向かって右側を占める地上二階、地下一階で、地上三階建ての八角塔がそこからそびえ、最頂部は旧藩邸建物時代の図書室になぞらえて月波楼と称された。ここからは文字通り、品川沖の波に揺れる月の影が望め、振り返れば芝増上寺の五重塔が見えた。

建物向かって左側、三角屋根の二つ並んだ部分が書庫で、手前側の壁面上部にある大時計(沼田一雅作)はラテン語の「光陰矢の如し」(TEMPUS FUGIT)を文字盤に配し、塾生に時を告げる。もう一方は昭和二年に増築された第二書庫である。

書家の山本拝石による「創立五十年紀念 慶應義塾図書館」という青銅の篆書を見上げながら正面扉をくぐると、玄関両側に義塾功労者の大理石胸像が安置されていた。右

◉昭和初期の本館一階。左が門野像、右が小幡像、左奥が手古奈像
[慶應義塾福澤研究センター蔵]

側手前より鎌田栄吉、小幡篤次郎、左側に門野幾之進の像が、開館から五年ほどの間に安置された。正面には緑色大理石の三連アーチ、その先に大階段が見えてくる。階段左脇には純白の「真間《まま》の手古奈《てこな》」像。万葉集に登場する女性を題材にした巨大な大理石彫刻である（北村四海作）。階段右手の記念室には川村清雄作の福澤諭吉肖像画が飾られた。

階段に歩を進めると正面にステンドグラスが広がる。高さ約六・五メートル、幅約三メートル、大正四年末に完成を見た。義塾を表象する文明の女神が、古き日本の封建、武断を表す老武士を光り輝く扉の先へと導く図で、下端にはラテン語で「ペンは剣よりも強し」と記されている。鎌田塾長の構想を、洋画家和田英作がデザインし、米国帰りの技術者小川三知《さんち》が制作した。

二階には開放的な大空間に二百名余を収容した閲覧室が広がる。この部屋の西側中央には裁判長席のような一段高い出納台があって、学生はここで図書を請求、教職員はここから書庫に入場した。書庫は天井の低い六層で、およそ二十万冊を収容できるように設計されていた。

私立の「辛苦」の象徴

開館記念講演で、鎌田塾長は言った。「慶應義塾は年々唯予算に依て租税の中から給されて、それで以てやって居る学校かと云《い》ふとさうではない、即ち粒々辛苦の結果である。学生の払ふ金もある、世間の有志者の寄附金もある。即ち種々の経営、種々の刻苦を積んで、其《その》結果此《ここ》に至るのである。…此《この》熱誠の凝固《こりかたま》ったものが即ち学校の生存となって居るのである。…此感覚が、毎日毎日諸君の頭の中に何等かのインスピレーションを与へて居ると云ふことは、どうしても立派な人物を生まざるを得ない…」（『慶應義塾学報』一一九号）。

実際には「辛苦」の中で絞り出したお金で建っていても、この図書館では帝大の権威じみた厳《いか》つさのない、肩肘《かたひじ》張らない開放性が誇られた。それはただ名目ではなく、例えば入館料を払えば誰でも入館できる制度として実践された。昭和に入り、思想問題でよその大学を追われた学者たちにもこの図書館が研究の場を提供した。治安維持法違反で東京商科大を追われた大塚金之助もその一人で「三田の慶應大学の図書館は当時、日本におけるたった一つの公開大学図書館であって役所風のくさみがなく、気もちがよかった」（『解放思想史の人々』）と回想している。昭和十七年頃には玄関脇のヒマラヤスギの陰で私服刑事が入館者を監視していたという。内務省によって禁閲本の指定を受けた書籍も、この図書館では目録カードが撤去されるだけで、書庫内にはそのまま配架されていたので、教職員は自由に閲覧できた。戦時中の図書館監督（館長）であった高橋誠一郎は、「ペンは剣よりも強し」のステンドグラスが〝西洋女に日本男子がひれ伏す図〟として軍方面から睨まれたころ、「それではペンを筆にかえましょう」と言い放ったという。痛快な話ではないか。

こういった逸話が次々と生まれたのは、その時々の図書館関係者が、「私立」への自負を貫いた結果であろう。図書館は、社会に開かれた義塾の使命感の象徴であった。もしこの建物が義塾の〝権威〟の象徴と観られるようになったなら、我々の姿勢はどこか見つめ直すべきものがあることになる。

現存する幸運

ところで、この建物の現存には、いくつもの幸運があった。図書館初代監督が田中一貞であったことが第一の幸運である。世界の図書館建築を研究した田中は、防火、書籍保存の環境、書庫増築の便への配慮という三点に留意して設計すべきだと論じ（『慶應義塾学報』一〇四号）、当然現実的にあり得た木造案は採られずに煉瓦造が実現、随所に前述の三点からの配慮が施された。とりわけ書庫の防火は入念に工夫されている。

ただ、耐震性は別だった。大正十二年の関東大震災では壁面各所に亀裂を生じ、特に八角塔は一度取り壊して再建しなければならなかった。

また、焼夷弾が降ってくることも、設計当初夢にも思わなかったことである。昭和二十年五月二十五日夜から翌日未明にかけての、いわゆる山の手空襲は、この建物にとって最大の悪夢だった。義塾では事前に貴重図書の疎開などを行う一方、空襲で木造スレート葺きの屋根と最上階の焼失は免れないと想定。最上階の図書、書架を全て撤去、階段も鉄板で塞いだ。この作業が終了して二週間と経たずに大空襲に見舞われた。

◉関東大震災後、取り壊された八角塔［慶應義塾福澤研究センター蔵］

大閲覧室や八角塔などがある本館はなすすべもなく炎上、二日半にわたって燃え続け、外壁を残して全焼した。書庫は、想定通り屋根と最上階を焼失したものの、四十万冊の蔵書は守られた。とはいっても別置されていた泉鏡花旧蔵書など、失われた貴重書も少なくなかった。ステンドグラスも崩れ落ち、手古奈像は火をかぶって、大きく損傷した。記念室の福澤肖像だけは、職員の富田正文らの機転で搬出された。当夜警備に当たった教職員や塾生の奮闘は、空襲当日の警備責任者だった奥井復太郎（後の塾長）が書き残した報告書によって伝えられている。

昭和二十四年五月、修復の終わった図書館の屋根は装飾のない簡素なトタンに変わり、ステンドガラスの代わりに透明のガラスがはまった。東京タワーが建設されると、ちょうどその姿がこのぽっかり空いた大窓に収まった。

昭和三十二年インド首相ネルーが正面バルコニーから塾生に演説をしたシーンをはじめ、戦後も図書館の姿は塾史に刻まれ続けた。昭和四十四年には学生運動の影響で、またしても貴重資料の移動や書庫の封鎖が行われたが、奇しくもその年、この建物は、重要文化財に指定されている。

ステンドグラスの復旧は、昭和四十九年。小川三知の弟子として制作に携わった大竹龍蔵の申し出によって実現。昭和五十七年、三田新図書館建設に伴い、戦後形の変わってしまっていた屋根などを復元、さらに閲覧室は大会議室に改装された。

平成十二年、隣接地に国の補助金を得て建築された東館が、図書館の外観を模したことで、三田キャンパスの顔としての風景は大きく変貌し、存在感は薄れてしまったようにも感じられた。しかし平成二十三年の東日本大震災を機として、義塾の歴史を伝える貴重な文化財として防災の備えを万全とすべく、耐震補強工事を行うこととなり、平成二十八年一月より閉鎖された。三年以上にわたる工事を経て、二〇一九年には建物の下に免震層が設けられるレトロフィット工法により免震化が実現されることとなっている。また、工事完了後は、従来より置かれていた福澤研究センターが復帰するとともに、それに付随する施設として創立者福澤諭吉の思想や慶應義塾の歴史を展示し、資料を閲覧できる空間が整備されることも予定されている。

義塾の顔としてふさわしい環境が整備されることに伴い、改めて慶應義塾の学風を表象する存在としての図書館の存在を見つめ直したいものである。

［都倉武之］

「時は過ぎゆく」

図書館の大時計と歌会始

福澤諭吉が没してから六年後の明治四十(一九〇七)年、慶應義塾は創立五十年を祝った。そして、その記念事業として建てられたのが、今日も三田山上にそびえたつゴシック式煉瓦造りの図書館である。目標の三十万円を超える寄附を基に、約三年の建築工事の末、明治四十五(一九一二)年に竣工した。

開館以来、今日に至るまで、図書館は社中の人々にとって、一種のシンボルにもなってきた。特に、周囲にビルの無かった時代には、そして山上の木々も背が低かった時代には、遥か遠くからも良く見えたので、尚更であった。

召人・佐藤朔

昭和五十五(一九八〇)年の皇居での歌会始に、元塾長のフランス文学者佐藤朔氏が召人《めしうど》として招かれた。その年の御題は「桜」であった。フランス文学者の佐藤氏がどのような短歌を詠むか関心が持たれたようで、朝日新聞は、召人に決まった時点で佐藤を紹介する記事を掲載し、サンケイ新聞は歌会始の翌日のコラム欄で詳しく紹介した。

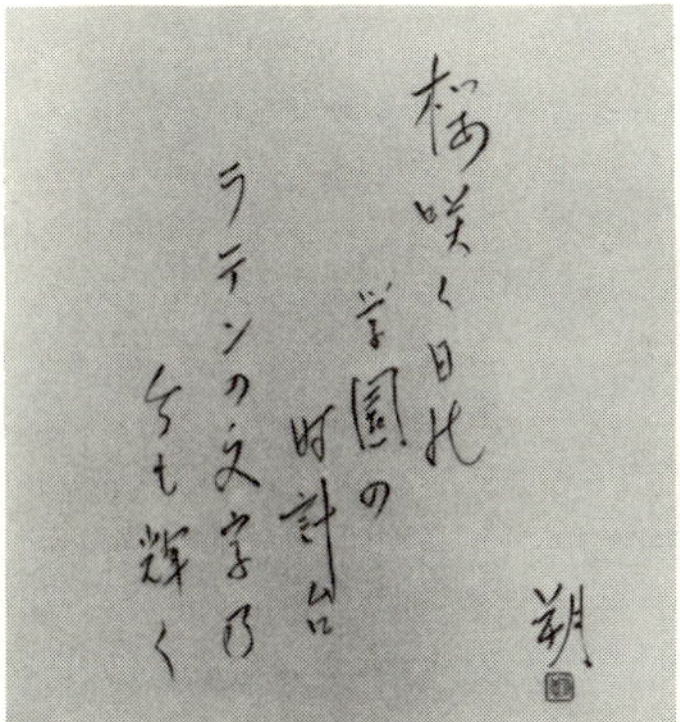

◉佐藤朔自筆の色紙

桜咲く日の学園の時計台
ラテンの文字のいまもかがやく

佐藤の詠んだ歌である。

図書館を正面から見ると、「創立五十年紀念慶應義塾図書館」の文字が刻まれた玄関の上部には、閲覧室（今日の大会議室）の大窓が配されているが、左側の書庫部分には、小窓が多数並べられ、その上部に大時計が据え付けられている。花崗岩の外輪の中に、白、藍、褐色の三色の彩釉陶器が貼りこまれ、文字盤には、数字の代わりに十一のラテン文字が配されている。

TEMPUS FUGIT

の十一文字である。「時は過ぎゆく」。そして、十二時の場所には砂時計の絵が入っている。四季折々、特に青空の日には、文字盤の青色が映えてハッとすることがある。

佐藤は、この歌に関して、生徒の作文等を載せる幼稚舎の雑誌『仔馬』に「桜咲く日の……召人のこと」と題する随筆を寄せている。

佐藤は、御題の「桜」には、桜に関する名歌が沢山あるだけに困ったという。自分が印象に残った全国各地の桜を思い出しては歌を作り、桜に関する、万葉集以来の歌を読み、襖絵などの名画や土門拳らの写真を見たという。しかし「私の歌」はできない。そんな中で、ふと桜の名勝や名木よりも「私の記憶に深く刻み込まれているのなら一番いいと思った」という。

「そうなると、東京や京都の桜の名勝地ではなくて、私が長く通った三田山上の桜の花が、眼前に鮮明に浮かび上り、それにつれて、じつに、さまざまのことが思い出されてきた。幻の門を入って石畳を左にのぼるか、図書館前の階段を上ると、左側に何種類かの桜が十数本ある。これが四月になると満開になる。開花にいくらか遅速があって、かなり長いあいだ、花片が石畳を埋める。私は

◉TEMPUS FUGITの文字が刻まれた大時計

学生時代にそこを何度か上下し、さらにこれに卒業後は教師となっての四十五年を加えると、少なくとも五十年以上あそこの桜が咲き散るのを見て来た勘定になる。新入生らしく、制服制帽で桜の下を通った若き日々、塾長として大学紛争に悩まされながら仰ぎ見た桜の花々など、この丘の上には思い出の尽きないものがある。」

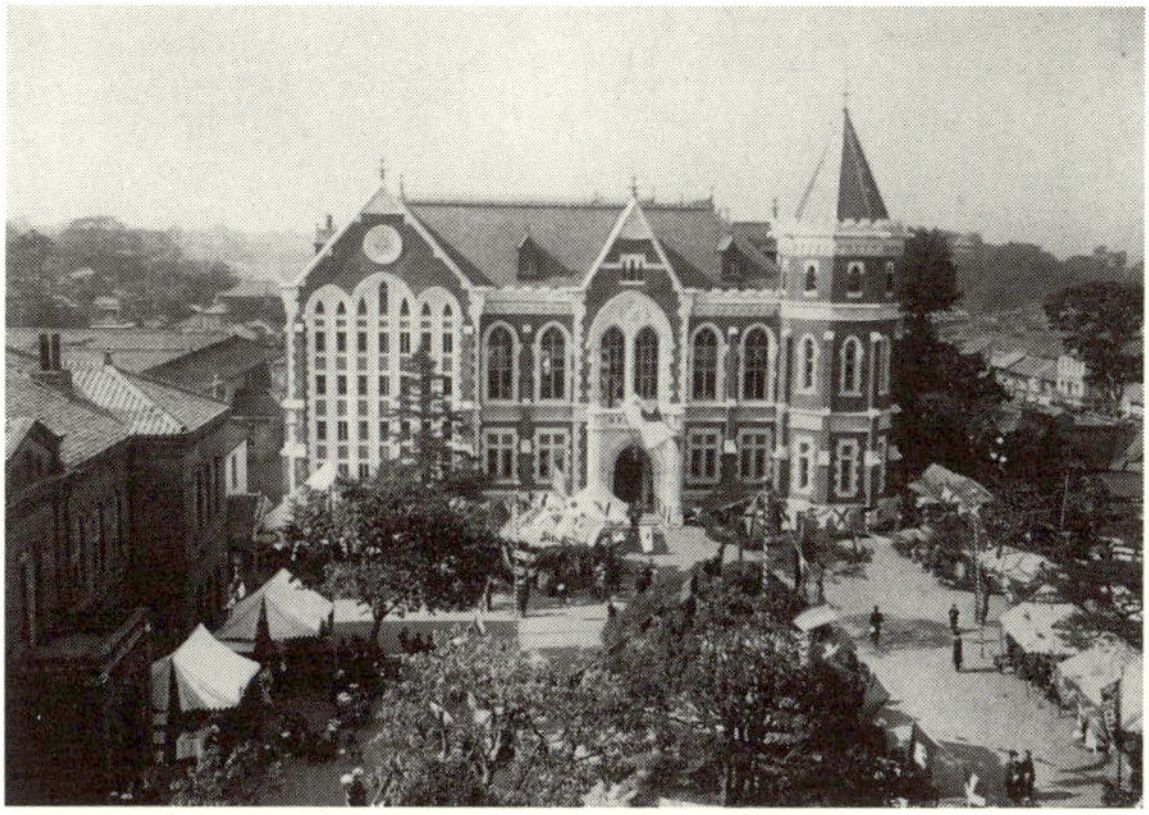
◉竣工当時の図書館（創立50年紀念図書館開館式の様子）

また、大時計についても、

「この時計は震災、戦災を受けた期間をのぞいて、七十年間動きつづけてきた。半世紀以上も三田の動静を高所から眺め降していたわけであり、私自身昭和初期の学生や助手の頃から図書館によく出入りしていたし、また昭和四十二年頃には図書館長もつとめていたので、このラテン文字の時計とは永い附き合いである。ことに三月の沈丁花、四月の桜、春から秋にかけて銀杏を背景にしたこの時計の文字盤の白と青の鮮やかさは、いつみても美しいと思い、印象的だった。そうした折り折りの印象が、今日の召歌となって結晶したのである。巧拙はともかくとして、これは私らしい作品だと思っている。」

と記している。

制作者沼田一雅と岩村透

この大時計を制作したのは、沼田一雅である。なお、内部の機械は、天賞堂が英国から購入して寄附した。沼田は、東京美術学校（現在の東京芸術大学）卒業後、農商務省海外窯業練習生として明治三十六（一九〇三）年に渡仏、パリ郊外、磁器で有名なセーヴルの国立陶磁器製造所で働くことを許された最初の外国人とも言われる。三十九年に帰国した後は、東京美術学校教授として後進の指導に当たると共に、芸術としての陶彫の普及に努めた人である。日本では、当時、陶磁の作品が、置物、工芸品としてしかみなされていなかったのに対して、フランスのセーヴル、ドイツのマイセンなど、ヨーロッパでは、彫刻に盛んに応用されていた。そのような芸術としての陶磁の制作を主唱したのであった。

沼田を周旋したのは岩村透であった。岩村は、長く欧米各地で絵画を学び、帰国後は、東京美術学校の教授として西洋美術史を講じ、義塾においても、明治四十三年から芸術学を講じていた。また、『美術新報』という美術雑誌の有力な寄稿者でもあり、当時の西洋美術界に重きをなしていた。渋谷村の宇和島の伊達の屋敷跡(今日の恵比寿の辺り)に家を建てると、美術家たちがその周囲に次々と家を建て、一種の美術家村ができたという。沼田もその一人である。

実は、岩村は草創期の幼稚舎に学んだ人で、『三田評論』にも「義塾懐旧談」を寄せている。この頃の幼稚舎は、後に図書館が建つことになる場所にあり、しかも寄宿制であった。大彗星が現れた時、朝三時頃に起こされ、天を指して親切に教えてもらったこと、東京に初めて電灯がついた時には、二階まで連れて行ってもらい、銀座一丁目の大倉組の電灯を見たこと、など福澤諭吉の愛弟子で幼稚舎の創立者である和田義郎の思い出も語っている。それだけに、図書館の建設への協力は、岩村にとっても、感慨深いものであったに違いない。

図書館が竣工すると、『三田評論』の前身の『慶應義塾学報』は、六月号を「新図書館開館紀念」号とし、初代図書館長田中一貞が、「紀念図書館建築の特色」を寄稿している。その中で大時計に言及して、岩村の受け売りと断って、「建物の外部に色彩を現わすと云うことは非常に大胆な事で、日本では最初の試みであるのであります。煉瓦の色、石の色と云うものは出て居りますが、青い色黄い色を外に出して成功したのは此館だけだそうです」と記している。

なお、田中は併せて、閲覧室部分と書庫部分等で外観にバランスがとれるか大いに心配をしていたが、中央玄関上の閲覧室部分の大窓に対して、左側書庫部分は、多数の小窓を三個のアーチ形の中に収めたことで、うまく調和がとれたこと、更に右側には八角塔でバランスがとれたことなど、美観に満足した安堵の心境を語っている。確かに、この図書館は左右非対称でありながら、良くバランスのとれた意匠になっている。そして大時計もその中で重要な役割を果たしていると改めて感じるのである。

図書館の春

佐藤は、昭和六十三年の一月号から六月号まで『三田評論』の巻頭に詩を寄せている。その一つは、歌会始の歌と同様に、過ぎゆく時と共にある図書館の姿を歌っているので、最後に紹介したい。

戯去戯来

春三月　学園は馥郁として
人はみな　戯去戯来の渦の中
若者は　一斉に翔び立ちて
新人が　入れ替って登場する

眼をきらめかせる元気者
胸のときめく冒険家
パソコン遊びに二十センチの黒髪
このとき人生のカードをかきまぜると
出るか切り札　王様《キング》か女王《クィーン》のエース
それとも耳付き頭巾の道化師《ジョーカー》
ゲームを左右する不気味な奴め

丘の上で一切の成行を眺めて
いるのは　古風な煉瓦の八角塔

［山内慶太］

幻の門

三田キャンパスは、多くの塾生、教職員、来校者が三田通りに面した東館の入り口を利用している。東館建設前の、三田通りから東門と図書館旧館（旧図書館）の八角塔を見上げた光景は、多くの塾員にとって、なじみの深いものであった。今回は、この東門、異称「幻の門」にまつわる事項を紹介する。

旧島原藩黒門

明治四（一八七一）年三月に、義塾は芝新銭座から三田の肥前島原藩松平家の中屋敷に移転した。多くの塾舎が屋敷の家屋を利用したものであった。現在東館の建つ場所には、大名屋敷の木造の黒塗り門があり、これもそのまま慶應義塾の門となった。敷地西側の綱町方面に通じる門を「裏門」あるいは「西門」と称したのに対して、「表門」あるいは「正

◉旧島原藩黒門［慶應義塾福澤研究センター蔵］

門」と呼ばれるようになった。

明治三十三年、二月三日に逝去した福澤諭吉の葬儀は、二月八日に執り行われた。午後〇時四十分に三田山上の福澤宅を出た棺は、普通部生を先頭に、幼稚舎、商工学校、大学部の約一五五〇名の生徒に先導され、表門から赤羽橋、一の橋を経て、式場の善福寺に向かった。義塾教職員、塾員、交詢社員など、総勢約一万五〇〇〇人の四列に並んだ葬列は午後二時に善福寺に到着した。

表門の改造と路面電車開通

義塾の発展とともに新校舎が次々と建てられ、明治の末ごろには三田山上も手狭になってきた。表門入ってすぐの高台には、明治四十五年四月、義塾創立五十年を記念した図書館（現図書館旧館）も竣工を見たが、表門は依然として木造の黒門であった。しかし、老朽化が進み、倒壊の恐れも出てきたため、石柱鉄扉の門に改造することとなった。大正二（一九一三）年一月二十一日の第八期第三十九回評議員会で、表門改造費二千円、総工事費三千七百八十円余の「義塾表門改造並びに坂路改修に関する件」が決議された。その年の夏期休暇中に、警備員詰所（評議員会での名称は巡査交番所）の改造と、坂の勾配を緩やかにする工事に伴って、洋風の花崗岩の門柱四本に鉄門扉の門に改造された。形式にとらわれない義塾の気風からか、飾り立てることなく、門標さえも掲げられなかった。

明治三十六（一九〇三）年路面電車が開業し、三田停留所の前には三田電車営業所が設置され、品川線、金杉線、加えて翌年開通した三田線の起点となり、品川駅前―上野駅前（一系統）、三田―東洋大学前（二系統）、品川駅前―飯田橋（三系統）、三田―千駄木二丁目（三十七系統）の各系統を担当した。更に明治四十五年六月には、飯倉一丁目―赤羽橋―札ノ辻間を通る札ノ辻線が開通し、前述の三系統（品川駅

◉石柱鉄扉となった表門と図書館旧館［慶應義塾福澤研究センター蔵］

◉創立 90 年式典（昭和 22 年）に列席され、幻の門を出られる天皇陛下のお車［慶應義塾福澤研究センター蔵］

前―札ノ辻―飯倉一丁目―神谷町―虎ノ門―四谷見附―飯田橋）の路面電車が三田通りを通るようになり、慶應義塾前の電停が設けられ、昭和四十四（一九六九）年の廃止まで、住民や塾生の足として親しまれることになる。三田営業所跡は、現在都営芝五丁目アパートになっている。

昭和十八年十一月、第二次大戦への塾生出陣の壮行会が挙行され、大講堂前を出発した出陣学徒は、残留学生に見送られ表門を後にして、福澤の墓参に向かった。また、戦時中、陸軍のトラックが門柱を引っ掛けて甚だしく破損した。当時用度課長であった羽磯武平が、小泉信三にそのことを報告したところ、「軍と雖《いえど》も遠慮することは無用である。然るべく要求し請求すべきである」との指示を受けたそうである。同二十年五月の空襲でも被災し、同二十二年に横須賀三田会の寄附を基に修復された。戦後間もなく、右側の門柱に「慶應義塾」と墨書きされた門標が掲げられたが、何者かによって直ちに持ち去られたという。

応援歌「幻の門」

応援歌「幻の門」は、昭和八（一九三三）年の春、ワグネルソサイエティーと、その年に正式に発足した応援部（現在の慶應義塾応援指導部）との企画で作られたもので、塾員堀口大學が作詞し、作曲には山田耕筰があたった。当初、作詞を北原白秋に頼んだところ、早稲田出身であることから断られたため、まず山田を訪れて、山田の推薦で堀口に作詞を依頼することとなった。堀口は後年作詞当時を述懐して、塾員亀山三郎宛の書信で次のように述べている。

「あれを作詞した当時、塾の正門には門らしい形の門は何一つありませんでした。それなのに電車通りから入ってあの校門の坂を登ると何となくそこに、目には見えない、だからまた素晴らしい、青春のあこがれと理想を迎え入れる大きな門が聳え立ってゐるやうに感じられたものでした。これがまた形式にとらわれない塾の精神と相

通じるやうに私には思へたものでした。即ちこれを「幻の門」と呼んであの歌に歌いあげた次第です。」（昭和三十年三月三日付）

これに対して亀山が、作詞したころに門がなかったというのは事実と違うのではないかと質問したところ、

「さううけたまわると何のかざりもない二尺角ほどの石柱が立ってゐたやうな気もします。「K大学には不似合な門ながら、われ等学生にとっては昇天に価する幻の門だ」といふ意味であの歌詞を作つやうな気がして来ます。（甚だたよりない証言でお気の毒ですが、事物の記憶より気分の記憶が強い性分なので毎度困ります。耄碌のためでもあります。御憫笑！）」（同年三月七日付）

堀口が塾に通っていた明治四十年代は、未だ木造の黒塗り門であったはずであるから、正しく「気分の記憶」によって作詞された歌といえよう。堀口は作詞にあたって深川の小さい不動尊に願掛けをし、「幻の門」がデビューした早慶戦を小不動像を抱えて観戦しに行った。試合中小雨が降り出したので、不動像を外套の懐に入れたところ、早稲田が得点してリードを奪った。俗の身の汗で穢れた場所に置いたのがいけなかったと思い、詫びながら懐から取り出した。すると次の義塾の攻撃で逆転劇を演じ、勝利したという。

歌の完成後、山田耕筰の事務所から三百円という思わぬ高額の請求書が届き、自治会が支払いを渋ったため、しかたなく初代応援団長柳井敬三が実家から金を借用して支払ったといわれている。

◉移設された「幻の門」

「幻の門」の誕生と同じ年、応援部に林毅陸《はやしきろく》塾長から、正式な創部を祝して、長さ一八〇センチメートル余りの樫材に金色の鷲の彫刻を先につけた指揮棒が贈られた。「義塾義塾我等が義塾」と次の結びの「慶應慶應慶應慶應義塾」との間に、一拍の休符があり、この一瞬に団長の指揮棒の頭の金鷲がサッと空を切るのが鮮やかであったといわれている。

◉大学紛争時の幻の門

表門から東門へ

昭和三十四年五月、義塾創立百年事業の一環で、南校舎の建設に伴い、校地南側に、今の正門が新設されるに及び、正式には「東門」という呼称となった。しかし、応援歌「幻の門」の印象から、異称「幻の門」なる呼び名がもっぱら使われてきているようである。因みに現在の正門にも門標はない。かつての慶應義塾前の電停は、都営バスと東急バスが共同運行の、東京駅丸の内南口―等々力操車場(東九八)、都営バスの田町駅―新宿駅(田七〇)の慶應義塾東門停留所となった。田七〇は経路の変更を経て、平成十二(二〇〇〇)年に廃止され、現在は東九八のみが運行している。

昭和四十年代の学費値上げ反対運動の際には、机や椅子のバリケードで封鎖され、門標のない門柱にはアジ看板が掲げられたこともあった。平成十二年四月に完成した東館の建設に伴い、幻の門は東館アーケードを通り抜け、ブリッジをくぐって左手に続く石畳の坂道の上、福澤公園に近い位置に移設された。門としての機能を持たせたものでなく、あくまでモニュメントとして門柱のみの移設である。また、鉄門扉の一部は、キャンパスから東館三階へと通じる、坂道をまたぐ陸橋側面の飾りに転用されている。門に向かう坂の両脇にあった馬留石の一部も併せて移設されている。多くの塾員、教職員になじみの深かった、坂道の中ほど北側にあった、慶應義塾前郵便局の木造の建物も取り壊され、三田通り反対側のビルの一階に移転した。

現在の幻の門は、福澤公園の木々が四季折々の姿を映し出すキャンパスの役割を果たしているといえよう。

［大澤輝嘉］

大講堂とユニコン

中等部の本館玄関前に一対のいかめしい石像がある。共学の中学校にはやや違和感のある「ユニコン」と呼ばれるこれらの像の由来と、かつてそのユニコンが据えられていた「大講堂」の歴史をたずねてみる。

大講堂建設

大正期に入り、塾生の増加などから、三田山上の施設拡充は急務であった。図書館旧館と同じ曾禰中條建築事務所の設計で、大正四(一九一五)年四月に竣工した大講堂は、ゴシック様式の鉄骨煉瓦造り三階建て、建坪二二五坪、収容人員は約二千人。立ち席を加えると約二千五百人が一堂に会せる、東京でも屈指の規模であった。建築費七万円は、福澤桃介から二万円、森村豊明会から五万円の寄付を受け、付帯設備費一万五千円は義塾で賄った。図書館旧館とともにアカデミックな雰囲気を醸し出す、義塾のシンボリックな建物であった。

採光のため北、東、南の三方に側窓が設けられ、さらに屋根に屋窓を開き、その下方天井の中央に長さ約七メートル、幅約三・三メートルの長方形のステンドグラスがはめ込まれた。座席は全て長椅子で、一階は移動可能で、二、三階の桟敷席は固定式であった。舞台中央の壁面には、同九年に塾員成瀬正行が寄贈した、和田英作による福澤諭吉の演説姿の全身肖像が掲げられていた。高さ三・六メートル、幅一・八メートルの大額であった。

同年六月六日に挙行された開館式で当時の鎌田栄吉塾長は、福澤が始めた三田演説会の伝統を語るとともに、その会場である三田演説館の難点であった収容人員の少なさに触れ、一度に多くの聴衆を集めて講演できる大講堂の完成を、「実に欣喜に堪えませぬ」と大いに喜んでいる。

寄付者である福澤桃介は、発電事業など多方面で活躍した実業家で、福澤の娘婿。森村豊明会名義で寄付をした森村市左衛門は、福澤の考えに共鳴して貿易の先駆者となり、後の森村商事となる森村組や日本陶器（現ノリタケ）、東洋陶器（現TOTO）などを設立した実業家である。

大講堂に登壇した人々

この大講堂の完成によって、入学式、卒業式、その他大学の主な式典はすべてこの大講堂を使用することで用を弁じた。加えて、ここを会場にして催された講演会、音楽会、演劇などは、知的刺戟に乏しかった当時の市民にとっても、格好の文化センター的役割を果たすホールでもあった。「今夜は、余所《よそ》行《い》きを着た若い女性が多いね」、「慶應の大ホールで演奏会があるからでしょ」という会話が、三田の商店街で交わされたそうである。

落成後最初の演奏会には、イタリアの歌手アドルフォ・ザルコリーがその美声を披露している。また大正五

◉竣工間もない間もない頃の大講堂正面［慶應義塾福澤研究センター蔵］

◉慶應義塾ワグネル・ソサィエティー　第47回定期公演会の様子（昭和4年11月大講堂にて）［慶應義塾福澤研究センター蔵］

(一九一六)年六月に、アジア人初のノーベル賞受賞者であるインドの詩人タゴールが講演したのも、この大講堂においてであった。

世界的科学者アインシュタインの講演は、同十一年十一月十九日の午後一時三十分に開演した。アインシュタインは当日朝から刺激物やコーヒーや紅茶をとらず、来客もできるだけ断り、平静な精神で机に向かって講演内容の構想を練っていたという。ただし、その構想は簡単なメモ書き程度のものだったらしい。というのも、前日に理論物理学者である石原博士が通訳をスムーズに行うため、事前に大まかな講演原稿の用意を依頼したところ、アインシュタインはこう答えているからだ。「前もって原稿を作っておくと思想が固定していけない。やはり聴衆の顔を見てその場で自由な心持ちで講演したい」(金子務『アインシュタイン・ショック』岩波現代文庫より)。

壇上に立ったアインシュタインの前には、大ホールを埋め尽くす学生、市民、慶應義塾の関係者ら、およそ二千数百名の聴衆がいた。二階の招待席には、文部大臣就任直後の慶應義塾前塾長鎌田栄吉のほか、土星型原子モデルの提唱者である長岡半太郎をはじめとする戦前の日本を代表する物理学者たちの姿も見られた。四時半までの約三時間、ジェスチャーを交えながら「特殊相対性理論」の説明を行った。一時間の休憩の後、再び五時半からおよそ二時間かけて今度は「一般相対性理論」について講演した。当時の読売新聞によると、聴衆はアインシュタインの「金鈴を振るやうな音楽的な」声に酔わされ、最後まで静かに、熱心に聞き入っていたという。

海外からの文化人だけでなく、芥川龍之介や有島武郎などが満場の聴衆に語りかけたこともあった。加えて塾外の著名人の他にも、義塾で教鞭を執っていた劇作家の小山内薫が、義塾大学演劇研究会主催の講演で、築地小劇場の旗揚げ宣言を行ったのも大講堂であった。塾員で作家・俳人の久保田万太郎が、亡き小山内を偲んで、「しぐるゝや 大講堂の赤れんが」という句を残している。師との別れの悲しみを雨に濡れる大講堂のレンガに重ねて詠んだこの句は、三田の図書館旧館横の文学の丘にある石碑に刻まれている。塾生たちもいつからかこの講堂を「大ホール」と呼び、課外文化活動の華やかな発表の場にもなった。

ユニコン登場

ユニコン(unicorn)とは、額に一本のねじれた角とあごに山羊のひげを生やし、雄鹿の足のような割れた蹄《ひづめ》とライオンの尾を持つ馬に似た伝説上の動物のことである。さまざまな伝承がある中で、その原型は旧約聖書によるものとの説があり、ヨーロッパでは神聖な力と純潔の象徴として扱われている。ギリシア神話と関連があると思われがちであるが、こちらは、翼を持つ馬ペガサスと混同したものと考えられる。ユニコンは、知能が高く鋭い感覚を持つため、まず捕らえることはできず人間との接触を嫌うが、清らかな心を持つ処女の前にだけその姿を現しその心を許すといわれている。また、その角には解毒作用があるとされ、イッカククジラの牙がユニコンの角として高値で売られていた。

◉改装後の大講堂、三階バルコニーにユニコンの姿が。［慶應義塾福澤研究センター蔵］

　大正十二(一九二三)年の関東大震災によって大講堂の一部が破損し、入口その他を修復改装した際、正面玄関の上の三階のバルコニーに、それまであった石造りのオブジェに替わって一対の「ユニコン」像が置かれた。なぜユニコンが取り付けられたのか理由は定かでない。「実際に当時を知る先輩の話をきいても、この二つの大きな怪物の出現には義塾の当局者さえヒドクびっくりしたものだ」という(『慶應義塾豆百科』)。加えて、その容姿は本来のユニコンのそれとは程遠いもので、なぜ「ユニコン」の愛称がつけられたのかも分かっていない。すでに当時から、パリのノートル・ダム寺院の屋根にある雨どいから流れてくる水の排出口をもった彫刻ガーゴイル(gargoyle)に倣って中條精一郎が据えたもので、塾当局から批判を受けたのだという向きもあったが、それより某教授がモデルになっているとの噂の方がもっともらしく伝わったほどである。

　ともかく、ユニコンの登場は大ホールを塾生により身近なものとした。グロテスクな怪像ながら、案外に愛敬もあって、いつしか教員や塾生たちに親しまれるようになったらしい。

　昭和七(一九三二)年には義塾創立七十五年記念式典が大講堂で開催され、かつて義塾で学び、時の総理大臣であっ

◉関東大震災後の大講堂［慶應義塾福澤研究センター蔵］

た犬養毅も列席している。犬養が五・一五事件の凶弾に倒れるのはその六日後のことである。

世情は次第に戦時下の統制色が強まり、義塾もまた、その波に飲み込まれていった。太平洋戦争中に、義塾の担当将校として軍事教練の講義を担当した木原義雄大佐は、大講堂に集まった塾生を前に、前出の演台後ろに掲げられていた、着流しで腕組みをした「演説姿の福澤先生」の絵を指差し、「日本の学校で講堂に両陛下の『御真影』を掲げずに、着流しで腕組みした人物画を掲げているのは慶應ぐらいである」と毎回苦言を呈したそうである。戦局悪化とともに文科系の学生に対する徴兵猶予停止の勅令が出され、学徒出陣が始まる。

太平洋戦争の被害・解体

昭和十八（一九四三）年、十一月十七日には「塾生出陣壮行音楽会」が昼夜二回にわたって大講堂で開催され、同二十三日には全塾的な塾生出陣壮行会が挙行され、大講堂

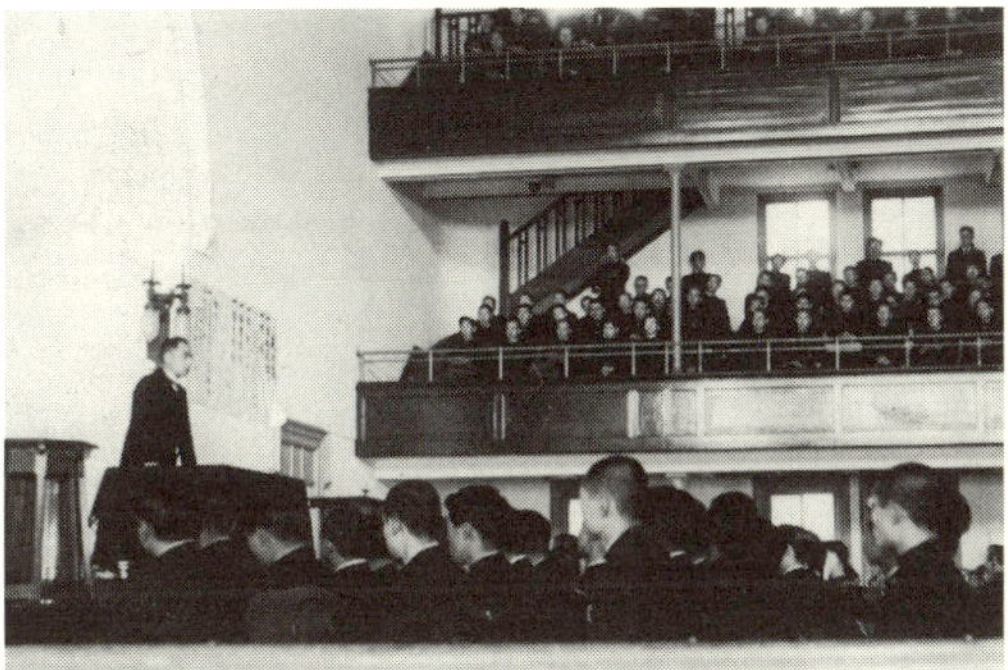

◉昭和 18 年 9 月、大講堂で卒業式の訓示を行う小泉信三塾長［慶應義塾福澤研究センター蔵］

をはさんで出陣塾生と残留生が並び、ユニコンの見下ろす中応援歌を声を限りに歌った。

◉戦災に遭い廃墟となった大講堂［慶應義塾福澤研究センター蔵］

　大講堂を含めた三田キャンパスの施設の多くが、昭和二十年（一九四五）年五月二十五日夜から二十六日未明にかけての空襲で被爆し、建物の五割近くが焼失した。戦争が終わってみると、慶應義塾は全国の大学で最大の罹災校となっていた。そのため戦後の数年間、慶應義塾は多大な辛苦を味わうこととなる。

　戦地から復員してきた塾生たちを迎えたのは赤さびた鉄骨と赤煉瓦の瓦礫の山だった。修復を念頭に、戦後も焼け残った外壁がそのままになっていた。その残骸は、義塾が創立百年を翌年にひかえた同三十二年五月に取り壊されて、戦災当時のままのみじめな姿をついに消し、大講堂の跡地には西校舎が建設された。

　また、置き去りにされていたユニコンは、場所を中等部の玄関脇に移し再現されることとなる。

ユニコン復活

昭和三十七（一九六二）年十一月、秋の早慶野球戦に、それまで使われていたミッキーマウスがディズニーの標章権に触れることが分かって、代打としてこの大ホール玄関上のユニコン像を模した装飾が新たに神宮球場のスタンドに登場し、応援に気勢をそえることになった。しかも、このときの早慶戦に勝って塾野球部はめでたく十二シーズンぶりに優勝し、以来ユニコンは塾のマスコットのような存在になった。

　一方、当のユニコン像は、一体は石像の芯にあたる鉄筋をむき出しにし、額に大きな傷口を開けて放置され、その無残な姿を風雨にさらし、もう一体は、その行方すら分からなくなってしまった。一体は滅失を惜しむ職員の手で倉庫の片隅に保存されたとの説もあるが定かでない。
元中等部教員の吉村洪は、西校舎脇の空き地に残骸となって人びとから見捨てられていたユニコン像を、式典などで中等部が五一八番教室（現西校舎ホール）を利用するたびに目にしていた。その再建を願った吉村は、当時中等部長であった横川克男を通じて塾当局から残っていた一体を譲り受け、中等部二十六回卒業生の卒業記念の寄附を元に修復し、中等部本館玄関向かって右手に、昭和五十（一九七五）年八月に据えた。

また、行方の分からなくなっていたもう一方のユニコンも、中等部創立三十年を記念して、中等部の前身である慶應義塾商工学校の同窓会の篤志をもとに中等部美術科教諭の三浦大和の手によって復元され、昭和五十三（一九七八）年五月、玄関向かって左手に置かれ、三十年の時を経てそのコンビが復活した。この間の経緯については、吉村自身が『三田評論』（第一〇二三号）や「中等部ニュース」（第五十七号）に記述している。

ユニコン賞

全国通信三田会が、学習リーダーを務め学友のために献身的な努力をするなど、慶友会活動に貢献した通信教育課

●修復したユニコン（中等部本館玄関向かって右手側）

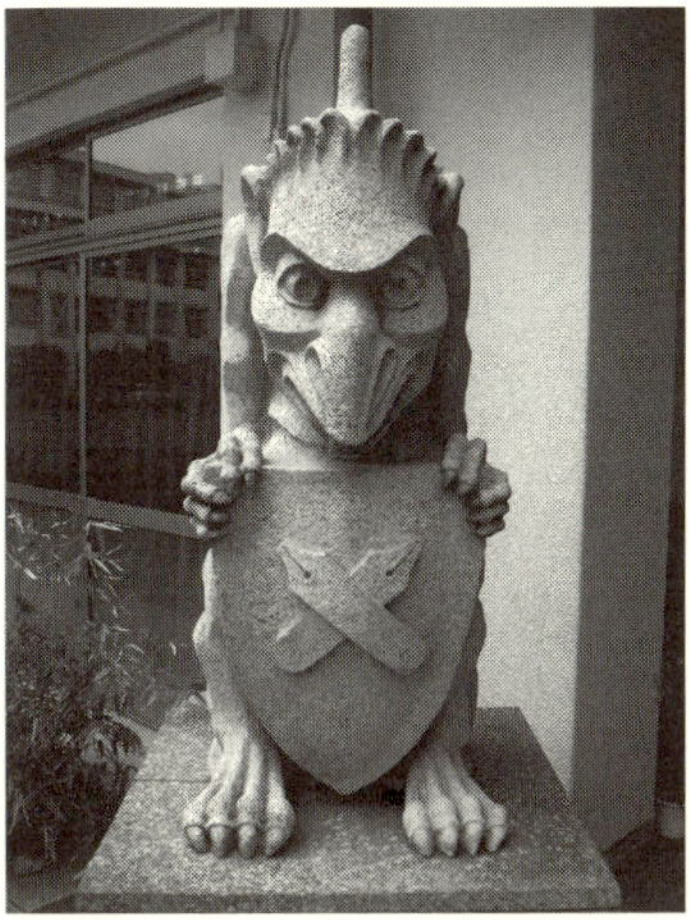

●復元したユニコン（中等部本館玄関向かって左手側）

程生に対して、卒業時に与える賞を「ユニコン賞」と呼んでいる。これは、昭和四十二（一九六七）年が通信教育開設二十周年に当たったことから、「後輩塾生への援助」を具体的な形で表わしたものとして創設が決定されたものである。

また、慶友会の一つである慶應通信文学会発行の会報は「UNICORNS」と題している。ちなみに塾体育会アメリカンフットボール部のチーム名も「UNICORNS」である。

福澤山エントランス

西校舎の正面入り口の床に「福澤山エントランス」の銘板が埋め込まれている。碑文に曰《いわ》く、「福澤山エントランス／この敷石は福澤先生歿後一〇〇年を／記念して長野県諏訪市福澤山産の鉄／平石を用いて敷設したものである／寄贈商学部 藤森三男 君／二〇〇〇年二月三日」（／は改行）。鉄《てっ》平石《ぺいせき》は、板状節理がよく発達した輝石安山岩の石材名で、長野県の諏訪鉄平石、佐久鉄平石、京都府の丹波鉄平石などがある。このほか結晶片石から採取されるものもあり、徳島県の阿波鉄平石、埼玉県の武蔵鉄平石などが知られている。容易に薄板状になり、化粧石、敷石、建築材などにするもので、へげ石、ひら石とも呼ばれている。西校舎入り口の床には藤森の家産である長野県諏訪市福沢山の鉄平石が敷かれている。

諏訪湖の東側、諏訪市角間新田から四賀地区にかけての一帯を「福沢山」と呼んでいる。ここで産出する鉄平石は、鮮新世から第四紀初頭にかけて形成された塩嶺累層の上部を占めるカンラン石を含む複輝石安山岩であり、「鉄平石型安山岩」と呼ばれることもある。福澤自身が記した「福澤氏記念之碑」の冒頭に、「福澤氏の先祖は信州福澤地名の人なり」とあることから、福澤の先祖が長野県に在住していたとの説があり、この企画が実現されたのである。

催し物などで三田キャンパスを訪れた際に、西校舎のエントランスに立って、福澤諭吉のルーツを探ると共に、かつてここにあった大講堂の面影も偲んでほしい。

［大澤輝嘉］

大公孫樹《いちょう》と「丘の上」

三田の大公孫樹

コレハコレワガ放縦ナル青春ノ記念ノ地
イマ三十三年ノ後 足タユク山上ニ来リ
ムカシ落葉ヲ踏ミタル校庭ノ公孫樹ノ
鬱タル緑ニ薫風ノソヨグヲ仰ギ
サテ近ヅキテソノ幹に手ヲ触レツツ
頑健ナルコノ古馴染ニ云フ　偉大ナル友ヨ
君ガ緑ハ年々ニ黄バミテマタ緑ニ
我ガ髪ハ年々ニ白クシテマタ遂ニ緑ナラズ

一九四九年五月　佐藤春夫

塾のキャンパスを代表する樹木と言えば公孫樹であろう。日吉には公孫樹並木が、三田には大公孫樹がある。特に三田山上の中庭の大公孫樹は、明治の頃から長年、親しまれ続けてきた。それだけに三田の詩人達にも、しばしば歌われてきたのであるが、冒頭の詩はその一つ、佐藤春夫の詩である。佐藤は、明治四十三年、「三田文学」創刊の年に永井荷風を慕って入学し、三田に学んだ義塾を代表する詩人である。

詩の末尾に記された、昭和二十四年五月、復刊した「三田文学」の宣伝と基金積み立てのために計画された公開講座「近代日本文学の展望」の講演に、佐藤は隔日で六回にわたって三田の山上に通ったのであった。その時のことを佐藤は「詩文半世紀」に次のように回想している。

「恰も新緑の好季節で、山上の校庭には大公孫樹がさわやかに美しい若葉を品川湾から吹く海の五月のそよ風にざわめきそよいでいるのが、目にこころよかった。

思えば、わたしはその四十年ばかりむかし、この樹の黄葉が地に散り敷くのを踏んでは近づく秋の試験を苦にやんだものであったが、今その樹を見上げてはなかなかになつかしく、戦災にも傷められないでそびえ立っているのもうれしかった。なまけ放題になまけて、ついぞ卒業もしなかったのに、それでもここを母校としたわしく思うのは、我ながらに不思議に感じられた。多分わが青春の日が忘れられないのであったろう。」

ここで述べられた試験の苦しみについては、昭和三年一月の三田文学に発表された「三田の学生時代を唄へる歌」(五二ページ)の中に、対応する一節がある。

ひともと銀杏葉は枯れて
庭を埋めて散りしけば
冬の試験も近づきぬ
一句も解けずフランス語

ちなみにこの詩の中には、「やがて我等をはげまして」と英文学を講じていた戸川秋骨の名も出てくるが、秋骨がこれに応えて書いた詩が同年五月号に載っている。次はその一部である。

春夫氏をはげましたりとや、
君が歌のその心はまことか。
秋骨は秋も疾くに過ぎて
霜がれの髪白く、髭白く
今日もなほトボ〳〵と
君がいふ枯葉を散らすなる
アノ銀杏樹の下を通りつ、
試験の室に急ぐなり。

なお、連続講演の聴講者の中に、義塾の建物を多く手がけた建築家、谷口吉郎がいた。講演に感銘を受けた谷口は大公孫樹の根元に小さな碑を建てることを計画し、佐藤に相談したところ示されたのが冒頭の詩であったという。

空襲の火焔を経て

そもそもこの大公孫樹が、いつからあるのか、またいつ頃から「大公孫樹」と呼ばれるようになったのか、その由来は明らかではない。しかし、大正時代の写真を見ると、今日の姿と比べればまだそれほど大きくなっていないものの、木造二階建ての校舎の屋根よりも高く枝を広げている。また、大正十一年に出版された『慶應義塾誌』の巻頭写真には、その説明に「大学部教室(中央は大杏樹)」とあって、既に「大公孫樹」と呼ばれていたことがわかる。

佐藤が在学した明治の頃から、大正、昭和初期を通じて、大公孫樹は、木造の校舎群にはさまれて東西に伸びる通路に立っていた。大正四年には、その通路の西の端、今の西校舎の正面やや左寄りの位置に、後に一角獣（ユニコン）の彫像で親しまれる大講堂が竣工する。大公孫樹は、塾監局脇から大講堂正面を見通す、三田山上のいわばメインストリートの真ん中に位置することになったので、塾生に、より親しまれることになった。

◉大講堂前より見た大公孫樹（大正時代の卒業アルバムより）［慶應義塾福澤研究センター蔵］

その後昭和十二年に、この通路北側の木造校舎群の跡に、鉄筋三階建ての大学学部校舎（現第一校舎）が竣工した。そして、南側の木造校舎群も取り壊され、第一校舎を背に中庭にそびえる、今日の大公孫樹の光景が生まれたのであった。

◉空襲後の三田山上。右から塾監局、現第一校舎、大公孫樹、焼け落ちた大講堂。［慶應義塾福澤研究センター蔵］

しかしその後、山上の光景は一変する。昭和二十年五月二十四日夜、二十五日夜と二晩続きで受けた空襲である。特に二十五日の空襲は凄まじく、当時の記録に「猛然火焔、黒煙を噴き上げ、瞬時にして折柄の南々西の強風に煽られ、三田山上を火煙の裡につつめり。視界全く不明となり、屋上監視又危険となり、監視員地上に撃退せり」とある。この「屋上監視」とは第一校舎屋上での監視のことであるから、その前にあった大公孫樹も同様に煙に包まれていたであろう。

結局この空襲により、三田地区では、大講堂をはじめ、総建坪の五割以上を失った。また、戦前は、演説館のある稲荷山から大講堂周囲、そしてイタリア大使館に至るキャンパスの西側一帯には巨木が立ち並び、「小鳥の種類が多いことでは東京随一の称があったほど」（昆野和七）であったが、その樹木も殆ど焼失した。戦後しばらくは、焼け枯れた巨木を切り倒して炭を焼く窯もつくられ、その光景は戦災の悲しみとわびしさをより大きくしていたと言う。

しかしそれだけに、周囲の光景は時代の変遷と共に変わっても、その中を生き延びた大公孫樹への人々の思いは一層に強く深いものになったのであった。元塾長で仏文学者の佐藤朔も、昭和六十三年二月の『三田評論』の巻頭に寄せた「銀杏大樹」と題する詩の中で、こう歌っている。

この大樹はかつて
大講堂の怪獣に睨まれ
B29の火箭を浴び
若き叫喚に包まれ
いくつもの式典を眺め
数多くの旧師たちを見送った

「丘の上」

大公孫樹を歌った数多くの詩の中でも、特に世代を超えて義塾社中の人々に親しまれてきたのは、「丘の上」である。

丘の上には空が青いよ
ぎんなんに鳥は歌うよ歌うよ
あゝ美しい我等の庭に
知識の花を摘みとろう

早慶戦に勝利した時にのみ歌われる応援歌として有名であるが、六大学野球優勝時には、早慶戦終了後の優勝パレードが三田山上に帰ってくると、大公孫樹の見下ろす中庭での祝賀会で歌われる。

「丘の上」は、予科会の塾生達の発案で、「若き血」の翌年、昭和三年に作られた。作詞は、仏文科卒業の詩人青柳瑞《あおやぎみず》穂《ほ》、作曲は、ドイツ音楽一辺倒の風潮の中でフランス音楽に深く通じていた菅原明朗《めいろう》である。

三田新聞は「新作の応援歌によって昨秋の慶早戦の感激を忘れかねている一万の塾生に素晴らしい吉報がここに新しく生れた」(九月十五日号)と歌詞の完成を報じた。次の号では「突如前号紙上に発表された新作カレッジソングは異常なセンセイションをひき起し、今や緊張裡に作曲の完成が待たれているのである」と報じている。完成した曲が発表されたのは、十一月十七日の秋季予科大会であったようだが、従来の応援歌とは全く異なる作風は、大きな反響を呼んだ。六大学野球において、十戦全勝での優勝を果たした直後のことでもあり、まさに発表の時から、勝利の歌として、今日まで歌い継がれることになったのである。

後に、青柳は当時を振り返って、「ある時、『丘の上には空が青いよ』の一句がうかぶと、あとはスラスラと出来てしまった。ただ、空が青いよ、などという、当時としては軽すぎる調子が、学校の歌としてはどうかという不安はあったが、こうして自然に生まれた調子はどうすることも出来ず、万一予科会で難色を示したとしても、私にはこれ以外に作れないような気持だった」という。また、「『丘の上』は、三田の山に伝わる牧歌とか、民謡というものになってくれるのが作者の念願である。牧歌や民謡に作者がないように、『丘の上』の唄の作者も何時かは忘れられるようになってもらいたい、という意味のことをその時わたしは喋った」と語った。

青柳にとっても、二十代の終わりに作った「丘の上」は生涯気に入っていたようで、偶々慶早戦の夜の電車の中、ある詩人が青柳の詩の中から好きな作品を挙げた時、青柳は「ぼくの一番良いのは『丘の上』です」と言ったという。随筆集『青柳瑞穂　骨董のある風景』の巻末に孫の青柳いづみ子氏が紹介している逸話である。

三田の山上も山上からの景色も、すっかり変わった。佐藤春夫や青柳瑞穂が詩の中に歌った海も、もはや見られない。しかし、大公孫樹は、ゆるやかに時を刻みながらもそこに一貫して在り続けてきた。前掲の佐藤朔の「銀杏大樹」は次のように結ばれている。

大樹の緑の天蓋の下で
別の夢を語る
若者たちが
やがて集る

大公孫樹のある風景には、青柳が言う「牧歌」が似合う雰囲気がある。いつまでも、大公孫樹と共に、その詩的雰囲気を大切にしたいと思う。

［山内慶太］

学生ホールと「デモクラシー」

三田山上西校舎の、学生食堂ホールの相対する壁面に、猪熊弦一郎《いのくまげんいちろう》の「デモクラシー」と題する大きな壁画がある。それは、元々は、学生ホールの「山食」にあったので、この壁画を見ると、学生時代の昼食時の友との語らいの一コマが懐かしく蘇る塾員も多いことであろう。

演説館との調和

先の大戦で受けた義塾の被害は甚大であった。三田も、戦災を免れたのは、塾監局、演説館、第一校舎と第一研究室のみで、赤煉瓦の図書館も、屋根は焼け落ち、その骨組みが恐竜の骨のような姿をさらしていた。昭和二十二年の創立九十年記念式典を契機に、義塾社中の協力により復興に歩みを進めたが、新制大学の発足、日吉のアメリカ軍からの返還と高等学校の日吉移転などが相次ぎ、ようやく三田山上が落ち着きを取り戻しつつあった二十四年末に誕生したのが、学生ホールである。

戦前に、天現寺の幼稚舎校舎と日吉の寄宿舎を設計した谷口吉郎は、戦後、復興期の義塾の建物の設計を担うことになる。こうして、三田山上では、昭和二十四年一月に五号館（現在の図書館新館の位置）が、五月に四号館（現在の研究室棟西側の位置）が、十一月に学生ホール（現在の西校舎北寄りの位置）が竣工したのであった。

この一連の建物を設計するに当たった時の心境を谷口はこう語っている。「ここは大学である。従って、ここの建築に入る学生たちは、幼年期、青少年期を経て、今や人世の『青春時代』に於て、いわゆる真理の探究にいそしむ人たちである。それ故に、ここでは学生の胸に響くものを建てたいと願った。」（「青春の館」）

そのためには三田の環境との調和を考えなければならな

い。その際に着目したのは演説館であった。谷口は、晩年に至るまで演説館の意匠を高く評価しているが、昭和二十五年『三田文学』に寄せた「青春の館」で、「奇想天外なハッタリがなく、甚だ質実で、その意匠はいかにも良心的である」と言い、「このシンセリティーに満ちた意匠精神こそ、まさに日本の現代建築美の先駆をなすものと信ずる」と述べた。そして、「それ故に、この演説館をテーマにして私は三田の校庭に、交響詩の作曲を夢みた。『五号館』の設計がその第一楽章であり、『四号館』の校舎がその第二楽章であり、こんどの『学生ホール』の設計がその第三楽章である」と述べたのであった。

「綜合芸術」としての建築

谷口がもう一つ強く意識したことは、「『建築』ばかりでなく、『庭園』をも、或いは出来ることなら『絵画』や『彫刻』などの参加も得て、いわば『綜合芸術』としての建築力を発揮して、この三田の焼跡に、気持のいい戦後の学園を建設したいと考えた」ということであった。彫刻との融和については、イサム・ノグチのノグチルームや彫刻で有名な二十六年竣工の第二研究室があるが、その前からその志向がはっきりとあった訳である。

◉学生ホール竣工当時の様子、右の彫刻は四号館の「青年像」(菊池一雄作)。[慶應義塾福澤研究センター蔵]

そして、四号館には、庭園と菊池一雄の「青年像」を配した。今日も研究室棟の西脇にある彫刻である。一方、絵画との融合をはかったのが、学生ホールである。多くの壁画は、宗教や権威のために描かれる。しかし、「ここの慶應では、私はそれを『学生の生活』に結びつけたかった。そんな意図のもとに学生ホールの室内には、『青春』の心に響く壁画が、描かれることを私は望んだ」。

　壁画を担う事になった画家は猪熊弦一郎。向かい合った二つの壁面に、それぞれ幅七メートル、縦五メートルの大きな壁画が描かれることになった。しかし、当時のことであるので、お金にも資材にも限りがある。キャンバスではなくベニヤ板をねじ止めし、表面にラッカーを吹き付けた画面にエナメル絵の具で書くことになった。丸太で組んだ足場で最高部では約七、八メートルの高さまで登って、四十日に亘って絵筆をとり続けたという。後に猪熊は、「初めはやはり足が奮えました」と回想している。猪熊はこの前に、上野駅改札ホール上部に壁画「自由」を描いている。この時は、既に描いたものをバラバラに運んでそれを職人が取り付けた。が、一人転落して死亡していた。その直ぐ後に、高所で描き続けたのである。

　出来上がった二枚の壁画は、動物に混じって、歌を歌ったり、楽器を奏でたり、くつろいだり、と様々な姿の青年男女が、実に伸びやかにそしてモダンに描かれていた。

　十二月十日の落成式で、猪熊は、「壁画の表現形式はかな

◉猪熊弦一郎「デモクラシー」

り突飛だが、こだわらない解放された気持を塾生諸君に与えることができれば幸である」と語った。犬のような動物に羽がはえたものもあるが、それについては「自由に学生も飛んで行けというわけで、象徴的に描いたんです。堅苦しいことは駄目だよと、この絵でいっているわけです。自由の世界へ行けというので、『デモクラシー』という慶應義塾の本当に大事なところの言葉を題に付けました」と晩年に『三田評論』(平成三年八・九月合併号)の「三人閑談」で語っている。

佐藤春夫の感慨

虚脱状態の学生達に「清新な気分をわかせたい」という意気で共鳴した谷口と猪熊は、「美の飢餓」を感じながら熱中した。また、塾にも美的復興への熱意があった。このようにして完成した学生ホールとこの壁画は、塾生達に様々な刺激を与えた。たとえば、当時塾生であった仏文学者の若林真は、「われわれ学生に新時代の到来を実感させるみずみずしさをたたえていた」と述懐した。戦争に敗れ、社会は未だ混沌としていたものの、塾の人達には、いよいよ福澤先生の理想を実現する自分達の時代が来たという雰囲気もあっただけに、その気分とも呼応するものであったのである。

落成式には詩人の佐藤春夫も出席していた。佐藤が早速に『三田文学』に寄せた詩、「慶應義塾学生ホオルを歌へる歌」は、当時の塾の人々が抱いた感慨をよく表すものであろう。

山の上の　しづかなる
学園の　奥にして
すがすがし　よき窓を
数あまた　つらねたる
美《うるは》しき　ホオルあり

君知るや　これはこれ
青春の　ホオルとて
部屋部屋《へやべや》は　おのがじし
夢多く　あこがれを
伴ひて　宿りせり

壁の画の　若人《わかうど》ら
おほらかに　ふるまひて
世に媚びず　素直《すなほ》なる
庭前の　池水ぞ

満ち澄みて　なごみたる
青春よ　ここに住め
すこやかに　さはやかに
すこやかに　危《あやふ》げに
ほがらかに　誇らかに
かぐはしく　裕《ゆたか》なれ

青春の　このホテル
思ひ出の　蔵《くら》となる
日を思へ　若き日は
名と富に　まされるを
証《あかし》せむ　わが友よ

学生ホールと壁画のその後

左右両面に壁画のある空間には「山食」があったので、余計に塾生には親しまれていた。しかし、昭和三十六年、義塾創立百年記念事業の一環として西校舎が建設される際に、学生ホールは解体され、北側の低地に規模も縮小してほぼ山食の部分のみが移築された。その後、煙草のヤニ等でかなり汚れたままになっていたのを、昭和六十三年、パレットクラブの学生・OBが、猪熊の指導を受けながら、洗い出しを行い、往時の輝きが蘇った。しかし、北館の建設のために、平成三年夏で学生ホールは取り壊され、壁画のみが、西校舎の学生食堂ホールに移して保存されることになったのであった。

今日、そこで昼食をとる塾生達は、壁画の上面が三角になっているのが、学生ホールの赤屋根の形に合わせていたからなのだということも想像がつかないであろう。しかし、時には、戦後の復興の時代に、この壁画から流れる清新な風を感じながら当時の社中の人達が抱いたであろう感慨に思いを及ぼしたいものである。そしてまた、「私は慶應の学生ホールを『学園の青春』に捧げたい。人生の青春は、香り高かるべき時である」(「壁画と建築」)という谷口が、「綜合芸術」を通じて実現したかったキャンバスの美を、大切にしたいものである。

〔山内慶太〕

ノグチ・ルーム

三田山上の演説館の右奥、南館の左手外側の大きな階段を真っ直ぐ上って行くと、屋上の庭園に出る。そこにあるのが、かつて、南館の位置にあった第二研究室の一部、ノグチ・ルームである。この第二研究室は、谷口吉郎の設計によるもので、昭和二十六年の竣工である。

戦災の傷跡の大きかった三田山上に、谷口の設計で、二十四年に五号館（現在の図書館新館の位置）、四号館（現在の研究室棟西側の位置）の二つの校舎と、学生ホール（現在の西校舎北寄りの位置）が建てられた。

谷口は、演説館の意匠を高く評価していた。そして、『三田文学』に寄せた「青春の館」でこれらの三つの建築について、「この演説館をテーマにして私は三田の校庭に、交響詩の作曲を夢みた」と記していたが、第二研究室棟の設計に当たっても、「新「万来舎」も、そのシンフォニーの一章にしたいと思っている」とその思想を語って取り組んだのであった。

ちなみに、「万来舎」は、教職員、塾生、塾員が自由に立ち寄り、意見を交換するクラブのような場で、戦時中、空襲による焼失を避ける為に解体されるまでここにあった建物である。その跡に建てられたことから「新万来舎」とも呼ばれた。

「アクロポリスだ」

鉄筋コンクリート二階建てで、一階南側に談話室が配された設計が固まった頃、昭和二十五年五月六日、来日したばかりの彫刻家イサム・ノグチが、父を偲んで三田山上を訪ねた。

ノグチの父は、詩人野口米次郎。義塾で学んだ後、明治二十六（一八九三）年に渡米。その詩が米英両国で賞讃されるに至っていた米次郎は、ノグチが生れる三十七年日本に帰国、以来約四十年に亘って義塾で英文学を講じた。ノグチも二年後に、母ギルモアと父を追って日本に来る。しかし、米次郎は既に、新たな妻と結婚していた。幼少年期を日本で過ごした後、米国で彫刻を学んだノグチは、父との葛藤を抱えてはいたが、それだけに父への思慕もより強いものがあった。

イサム・ノグチを迎えたのは、塾長潮田江次とかつて野口米次郎の指導を受けた西脇順三郎ら義塾の教員と、学生ホールの壁画を描いた猪熊弦一郎、四号館の前庭の彫刻を作った菊池一雄らに谷口吉郎であった。

その日のことを谷口は、同年の『新建築』十月号に記した。

「三田の丘へ、私はイサム・ノグチ氏とのぼった。品川湾の海を見おろす丘の上には、慶應義塾の校舎が建っている。夏の空は晴れ、白い雲の峰が美しい。イサム氏は「アクロポリスだ」と叫んだ。

古代ギリシャ人は、アクロポリスの丘の上に神殿や劇場を築いた。それが、市中生活の中心地となり、そこからあの美しいギリシャの文化が生まれたのであった。」

戦災からの復興の途上ではあったが、三田の焼け跡に、演説館をテーマにした「交響詩」を、庭園、彫刻、絵画も取り入れた「綜合芸術」を、との谷口の意図をイサム・ノグチは、三田の空間に敏感に感じ取ったのであろう。

実際、ノグチは学生新聞のインタビューにこう答えたという。

「慶應義塾の施設はアメリカの大学に比べて小さい。しかし、その小さい規模にもかかわらず、一種の大きさが感じられる。また設計の衣装は簡素である。しかし、その簡単さにもかかわらず、深みが感じられる。」(谷口「美術の新しい開拓者」)

二人は、新万来舎の談話室や庭園を共同設計することになった。ノグチの滞在は九月はじめまでわずか四カ月。八月下旬には「イサム・ノグチ作品展」が開かれることになっていた。そこに、第二研究室のデザインも展示することになって、ノグチと谷口、更に両者のスタッフで準備に取り組んだという。

ノグチは、翌年三月末にも来日、三田山上に通い、建物、彫刻、庭園と精力的に確認を重ねた。

ノグチ・ルームと慰霊の火

完成した建物の外観は、一連の建物と同様に、縦長の窓

◉第二研究室と演説館

が、細かい間隔で並んでおり、二階が一階から張り出している。この縦長窓は、他の一連の建物とも共通する特色であり、二階の張り出しも、学生ホールと共通する特色である。一方で、この建物に特徴的なのは、「く」の字型になっていることであろう。まさに、演説館をテーマにした交響詩の最終楽章として、左手の演説館への谷口の深い敬意が感じられるものとなっていた。

　一階北側と二階には研究室があった。しかし、今日移築されて残るのは、くの字の下半分にあたる南側部分であり、その二階部分も取り払われて吹き抜け状でノグチ・ルーム

◉ノグチルーム内部［慶應義塾福澤研究センター蔵］

のみが残っている。

　谷口の建物は直線の美しさが感じられるものであるが、中に入るとノグチの描き出す曲線、弧の美しさがあり、その融合が面白い。そして、目に入って来る、床、壁面、家具、照明……、全て細部に至るまでノグチと谷口で細心の注意を払って創り出したものである。

　例えば、床を見ると、四角形の部屋が、鉄平石、板張り、籐のマットの部分の三つの空間で構成されている。ノグチは、「一つは歩くための石を敷いたレヴェル」、第二は「歩くためと坐るためと両方のための木の床のレヴェル」であり、

「第三は畳のレヴェルで、日本式にも西洋式にも坐ることの出来る所で周囲に沿ってつくられた」と説明している。そして、「この設計の目的は、家具を除いた畳のレヴェルの平面を出来るだけ多く保ち、同時に、西洋式の動き廻る自由と、椅子に腰掛ける安楽さとを許すことであった」とその意図を語っている（「私の見た日本」『芸術新潮』昭和二十六年十月）。

また、壁面は、全体的には白であるが、畳部分の一部には、赤茶色に焼かれた陶板が貼られていて、床の間のように注意を引く。その一枚一枚は、粗く傷が付けられているが、ノグチ自ら瀬戸に出かけて、焼き上げる前にそれぞれに竹箒でスクラッチしたものである。

部屋の真ん中には円形の暖炉がある。火鉢の部分は持ち上げられており、日本風に床に座ればテーブルの役目も果たすようになっている。実はこの暖炉の火には、戦争で犠牲になった義塾関係者への慰霊の念がこめられているという。「谷口とノグチは無言のうちに、過去の人々への感謝と、未来の平和への願いを暖炉に込めた」と、谷口の娘の杉山真紀子氏は述懐している（『萬來舎　谷口吉郎とイサム・ノグチの協奏詩』平成十八年）。

「無」と庭園

谷口の、庭園、彫刻等と融合した総合芸術としての建築の特色が、ノグチの参画で最大限に発揮されていたことにも触れる必要がある。

当初は、この建物の前側にも庭が造られそこには、彫刻「若い人」が置かれた。そして裏手、ノグチ・ルームから西側に目を向けると庭園が広がり、そこには、彫刻「無」と彫刻「学生」がおかれていた。また、藤棚の支えには抽象的な曲線で穴の空いたコンクリートの壁が据えられていた。

今日では、「学生」と「若い人」の彫刻は南館入り口に、藤棚の支えは演説館の裏手に置かれ、いずれも建物との有機的なつながりが断ち切られてしまっている。

彫刻「無」だけは、ノグチ・ルームと一緒に移設された。この「無」は丘の端にあることを意識したもので、ノグチは、「視界は西に向かってひらけ、沈んで行く太陽が、私の彫刻「無」をシルエットにして浮き出させ、天井からの光で点火してそれを石灯籠のようにします」と説明している（『新建築』昭和二十七年二月）。

このように、ノグチ・ルームと庭園を構成する一つ一つに、細やかな配慮がなされているが、ノグチは、部屋の内外に広がる空間全体の意図についても先に記した作品展のリーフレットに次のように語っている。

◉庭園の彫刻「無」（右）と「若い人」（左）

「これは、英雄を讃えるような風の記念建造物でなく、また、一個人の追憶に中心を置いたものでもありません。それは、すべての人々の為につくられた万来舎と名付けられるものであります。教師達の為には庭園であり、休憩室であり、また、そこへ来て空気を吸い、寛ぎ詩を読み、或いは瞑想の中で生命力を再び満そうとする学生達の為のものなのです。目的がいつも、人間の魂を招き、そこで高揚させることにあった、かの京都の美しい詩仙堂や、中国その他の地にあってお手本となったものなどに、私は、敢えて、これを比したいと思います。」

学園の空間

谷口は、第二研究室が竣工した翌年、雑誌『新建築』で次のように語った。

「私はこの一連の建物に、意匠の一貫性を求めている。それは福澤諭吉によって創造された「演説館」にこもる意匠のモラルを各校舎が新しく受けつぐことによって「福澤精神」のルネッサンスを表現したいと念ずる建築家の構想である。」

三田山上に戦後の復興に当たって建てられた谷口吉郎の一連の建築で残っていた第二研究室、「新万来舎」も二〇〇三年に取り壊され、移築されたノグチ・ルームが遺るのみである。しかしそれでも、ノグチ・ルームに入って静寂な時間を持つ時、新たな「福澤精神」のルネサンスを構想した谷口吉郎、イサム・ノグチらの心意気が自然と浮かんで来るであろう。同時に、戦災後の困難な時代に、谷口らに託した当時の義塾の人たちの、学園の空間への真摯な姿勢に深く敬服せざるを得ないのである。

［山内慶太］

文学の丘（その一）佐藤春夫詩碑

三田の文学碑

三田の旧図書館の八角塔脇、つまり、旧図書館正面に向かって右側の奥を進むと小高い丘がある。そこに、三つの文学碑と胸像がある。

文学碑は、手前から吉野秀雄の歌碑、久保田万太郎の句碑、そして佐藤春夫の詩碑である。そして、一番奥まったところに小山内薫の胸像がある。

佐藤春夫の詩碑には、表に

さまよひ来れば　秋草の
ひとつ残りて　咲きにけり
おもかげ見えて　なつかしく
手折ればくるし　花散りぬ

と刻まれている。裏面には、

◉三田山上の佐藤春夫詩碑

佐藤春夫は若き日慶應義塾に学び、その自由清新なる学風の中に、文学者としての出発を用意せり。ここに春夫の高風を慕う者相集い、母校の一画に詩碑を建つ。石の表に刻みたるは「殉情詩集」に収められし「断章」一篇、春夫の揮毫せしものにして、春夫が敬して已まざりし小泉信三博士の愛蔵せしものなり

昭和四十九年五月

春の日の会

とある。佐藤の没後十年を記念して建立されたもので、井上靖による裏面の撰文は、同氏の筆跡で刻まれている。「春の日の会」とは、春夫の誕生日を祝うために、佐藤の人と詩を慕う人達が集っていた会で、井上もそのメンバーの一人であった。

谷口吉郎との縁

碑の設計者は谷口吉郎である。谷口は、天現寺の幼稚舎校舎建築以来、義塾の多くの建物の設計を手がけた人であるが、碑の設計も多く手がけている。築地鉄砲洲の「慶應義塾発祥の地記念碑」、上大崎常光寺の「福澤諭吉先生永眠之地記念碑」、三田演説館脇の「独立自尊時計塔」がそうであるし、「三田文学」の関係では、永井荷風文学碑(南千住浄閑寺)、原民喜詩碑(広島市城址公園)等も谷口による。

谷口は、建物だけでなく、多くの墓碑や記念碑を残しており、その数は七十余に上るという。主な作品への思いは、季刊誌『泉』に連載され、『記念碑散歩』(文藝春秋)としてまとめられた谷口自らの随筆によって知ることができる。谷口は、碑を、化学反応を早める「触媒」にたとえる。即ち、「過去の思い出は、何の反応であろうか。いったい何によって、消え去ったものが、美しくよみがえるのであろうか。それこそ、「形見」の形が発する触媒作用かもしれぬ。それによって遺愛の時計が時をさかのぼり、遺品の筆が故人の手となり、メガネが目となるのであろう。だから、それは「いのち」と「たましい」の反応だと云わねばならぬ。そんな有機の反応を促進し、自身は静かに立っている無機の形象。それが「記念の造形」というものであろう」。このような意識の下で、多くの記念碑が作られたのであるが、三田で深まった佐藤と谷口の関係を知る時、この言葉の重みはより大きなものになる。

谷口は、空襲の被害を受けた三田山上の戦後最初の建築として、学生ホールを設計した。これは、今日の西校舎の位置に建ち、後に北側低地に移築され、北館ができるまで多くの塾生に親しまれた建物で、「山食」の建物と言えば、塾員の多くが思い出すであろう。谷口は当初、室内の壁面に青春を讃える詩を掲げることを考え、塾の関係者と相談

する中で選ばれたのが、佐藤の「三田の学生時代を唄へる歌」であった。

結局、この構想は実現しなかった。しかし、その時期に、三田での佐藤の連続講演を聴講し感銘を受けた谷口は、三田の大公孫樹《いちょう》の根元に、小さな碑を建てることを思い立ったという。それに応えたのが「コレハワガ放縦ナル青春ノ記念ノ地」ではじまる詩である(三三ページ)。

学生ホールの落成式には佐藤も出席し、早速「慶應義塾学生ホオルを歌へる歌」を翌昭和二十五年二月の「三田文学」に寄せた(四一ページ)。このような二人の交流は、三田の外では、奥入瀬渓谷の詩碑などを生み出しはしたが、谷口が学生ホールの設計の際に、考えていた大公孫樹の詩碑も実現しないままとなった。

このような経緯があったので、佐藤の没後、ようやく三田に詩碑を建立することになった時、谷口は「過ぎ去った時の流れが思いおこされ、私の意匠心にも追慕の念が増し、詩碑に花を捧げたい気持がつのってきた」と言う。そこで、遺品の万年筆を碑の地下に埋め、花を供えるために小さな花立てを設けた。谷口は、「一輪の花か、あるいは葉だけの小枝であってもいい。それが花立てにさしてあれば、この碑を訪れる人は、それを眺め、石に刻んだ詩を口ずさみながら思慕の念を深めることになろう。そんなことを私は念じた」と説明している。この谷口の思いを知る時、雨の泥しぶきがついたままの花立てを見ると少し寂しいものがある。

小泉信三の「わが詩人」

碑文は、冒頭の撰文が記すように、小泉信三が愛蔵していた遺墨が用いられた。ちなみにこの遺墨は、平成十六年、小泉家から他の遺愛の品々と共に義塾に寄贈されている。

佐藤と小泉は互いに深く敬愛する関係にあったが、二人が知り合ったのは、「三田文学」創刊の年、明治四十三年にさかのぼる。同年、佐藤は永井荷風を慕って塾の予科に入学する。その年、大学部を卒業し教員に採用された小泉も、三田文学の集まりなどに熱心に参加していたのであった。また二人は、互いに同郷の人としての「或る親近」を感じていたという。小泉は父信吉と母千賀が紀州和歌山の出身であったし、佐藤は自身が和歌山県新宮の出身であった。

『自選佐藤春夫全集』に寄せて、小泉は自分にとっての佐藤をこう語った。

「この人は常に自分のために、自分に代って歌ってくれると感じる意味で、「わが詩人」を持ち得るものは幸いであると、何かで読んだことがある。私にとっての「わが詩人」は昨日も今日も佐藤春夫である。日本の自然は、春夫あるによって更に美しく、世のさま、国の行末などに対する春夫の感慨は、常に私のものである」。
小泉にとって、佐藤はまさに「わが詩人」であった。たとえば、先の大戦では、義塾は多くの塾生・塾員を失い、校舎も多くの損害を受けた。自らも、長男信吉《しんきち》を失い、全身に大火傷を負った。その最も苦しい時期であった昭和二十年十二月、慶應病院から退院する日に、掲示の形で、塾生に次のように語りかけた。

「（前略）現在吾々は非常な苦境にあります。しかし諸君、艱難に挫けてはなりません。詩人は嘗て我が慶應義塾学生のために歌っていいました。

まなこを挙げて　仰ぐ青空
希望は高く　目路は遙けし
慶應義塾の若き学生

まことに然り。諸君は常に目を挙げて大空を望み、常に希望を高く保たねばなりません。よしや新日本建設の路は遠くとも、諸君の健脚は必ずこれを踏破することを信じます。（後略）」

◉右から小泉信三、佐藤春夫、小泉とみ夫人（昭和37年夏）。［慶應義塾福澤研究センター蔵］

嘗《かつ》て塾生のために歌ったという詩人こそは佐藤春夫であった。そしてその歌は「普通部の歌」である。
佐藤は、最晩年にも、塾のために歌を寄せた。それが、幼稚舎創立九十年を記念して作られ、今日も一月十日の福澤先生誕生記念会で歌われる「福澤諭吉ここに在り」である。これは、上野彰義隊の戦いの日もウェーランドの経済書の講述を休まなかったという故事を六番までの歌にしたものだが、この作詞に当たって、佐藤は昭和三十八年十二月に小泉を訪ね、意見を求めている。佐藤は翌年五月六日、幼稚舎九十周年の式典でこの歌が披露されるその二週間前に急逝した。二人にとっては、この十二月の佐藤の訪問が最後となった。

詩人の記念碑

三田からは多くの優れた詩人が輩出した。そして、塾生の頃を回想した詩も多く残っている。その詩に触れるとき、詩人の塾生時代、自分の塾生時代、そして今と、重ね合わせながら時の移ろいを感じるものである。つまり、谷口が言う「触媒」作用であり、その意味で、詩人の記念碑は詩碑のみではなく、詩そのものも記念碑であると言えよう。佐藤のそれは、谷口との縁によって生まれた、大公孫樹の詩であり、「慶應義塾学生ホオルを歌へる歌」であるが、そのきっかけとなった「酒、歌、煙草、また女――三田の学生時代を唄へる歌」を最後に紹介したい。

ヴィッカスホールの玄関に
咲きまつはつた凌霄花
感傷的でよかつたが
今も枯れずに残れりや

秋はさやかに晴れわたる
品川湾の海のはて
自分自身は木柵《さく》に
よりかかりつつ眺めたが
ひともと銀杏《いてふ》葉は枯れて
庭を埋めて散りしけば
冬の試験も近づきぬ
一句も解けずフランス語

若き二十《はたち》のころなれや
三年《とせ》がほどはかよひしも
酒、歌、煙草、また女
外に学びしこともなし

孤蝶、秋骨、はた薫《かをる》
荷風が顔を見ることが
やがて我等をはげまして
よき教ともなりしのみ

我等を指《さ》してなげきたる
人を尻目に見おろして
新らしき世の星なりと
おもひ傲《おご》れるわれなりき

若き二十は夢にして
四十路に近く身はなりぬ
人間ふままにこたへつつ
三田の時代を慕ふかな。

［山内慶太］

文学の丘（その二）―久保田万太郎句碑

出生から普通部編入まで

久保田万太郎は、明治二十二（一八八九）年、浅草田原町の袋物製造販売を業とする父勘五郎、母ふさの次男（長男は夭逝）として生まれた。馬道の尋常高等小学校から府立三中（現両国高校）に進むが、文学に没頭し、四年に進級の際代数の成績が悪く落第してしまい、慶應義塾普通部の三年へ編入することになった。しかし、「普通部の、いふところの塾生たちの放漫な空気のなかに、いつになっても」（「『町』の子供たち」）溶け込めず、俳句を作り始める。

万太郎は、明治四十二（一九〇九）年、普通部の課程を修了する。このときの卒業生たちが、「VIRIBUS UNITIS」（フィリブス・ウニティス）と刻まれた小さな石碑を三田の構内に建立した。これが塾監局東側入口の南脇に据えられている。碑文はラテン語で「力を合わせて」、あるいは「合わせたる力もて」という意味である。因みにこの言葉は、オーストリア・ハンガリー帝国の皇帝で、芝居などで度々取り上げられる美貌の皇后エリザベートの夫、フランツ・ヨーゼフ一世（一八三〇～一九一六年）の座右の銘でもある。当時の普通部生がこのことを意識してこの碑文を選んだのかは定かではないが、一九一一年に進水したオーストリア・ハンガリー帝国海軍の弩級戦艦の名前にもなった、同時代の二重

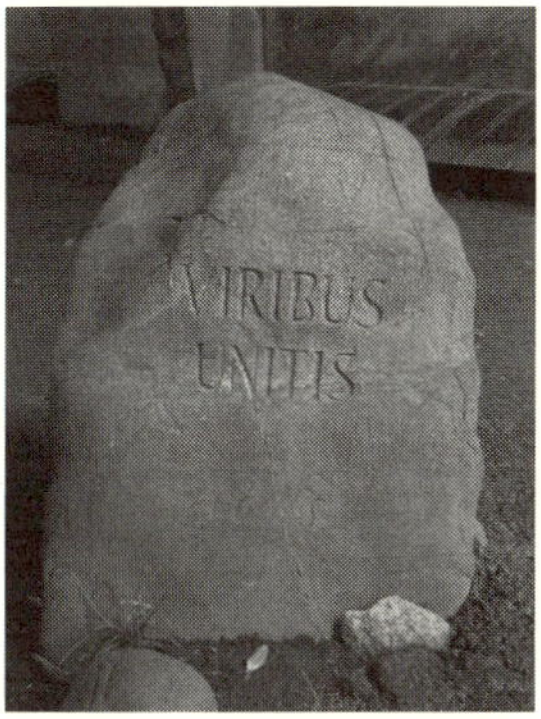

◉「VIRIBUS UNITIS」の石碑

帝国皇帝のモットーと同じ言葉であることは興味深い。

大学予科入学から文壇デビューへ

家業を継がせようとする両親を祖母が説得し、慶應義塾大学予科へ進学した万太郎は、文学科を選ぶ。「お前、文学をやるんなら、わるいことはいはないから、早稲田へ行けよ、と、ほん気でいつてくれる仲間もあった。が、こつちにすると、ほんきで文学をやるつもりはなく、徴兵猶予の切れるまでの期間を、たゞすこしでも、好きな道でみちくさが喰ひたかつたからである」（「私の履歴書」）という消極的な選択であった。文学に対する「せめてもの心ゆかせで」、三田俳句会などで俳句を作り続けた。

しかし、その翌年の明治四十三年、文学科における改革と出会ったことが、万太郎のその後の運命を決めることになる。この年の二月に、森鷗外、上田敏を文学科顧問に迎え、永井荷風、小山内薫の招聘を決定した義塾文学科は、文壇との結びつきを持つようになった。加えて、五月には荷風が編集主幹を務める『三田文学』が創刊された。「作家たらんとする志やうやくうご」いた万太郎は、俳句を捨て、永井荷風と泉鏡花を師と仰ぎ、小説家への道を進み始めた。翌四十四年に、早くも小説「朝顔」や、戯曲「遊戯」を『三田文学』に発表した。同じ年に水上瀧太郎や塾長となる小泉信三らと知己となった。大正三（一九一四）年に大学部を卒業したが、家業が傾き田原町の実家を手放すことになり、駒形へ転居して執筆活動を中心とした生活を送ることになるが、活躍の場を得ることは少なかった。

義塾の教壇に立つ

大正八（一九一九）年芸妓をしていた京と結婚し、安定した生活をしなければならなくなった万太郎は、慶應義塾の嘱託として、文学部予科の作文を担当するようになる。三田文学の世話人、また、國民文藝會の理事、演劇雑誌「新演藝」の合評会のメンバーとしての活動も始めた。

結婚の前年、隣家からの出火で駒形の家を失うまでの数年間は、「わたくしにとつて、八方ふさがりの、手も足もでない、わるいことだらけの時代だった」（『久保田万太郎全集』第二巻後記）と本人が回想するほど、作品は評価されず、万太郎に理解のあった祖母や妹の死、失恋を経験し、友人であった水上や小泉も海外に渡航しており、一人苦悩の日々が続いたのである。このとき、一旦捨てたはずの俳句を再び作ることになる。

義塾で万太郎の講義を受けたのは、奥野信太郎、青柳瑞穂、北村小松、石坂洋次郎らがいる。奥野や青柳の回想によると、入学当初（大正九年）は、各科共通の課題が塾監局から出て、文学科では講師であった水木京太が教室に来て黒板に「病気の友を見舞う文」、「第二学期をむかえて」といった題目を書き、予科生全員が書いた作文を提出すると、それが採点されて返されるといったものであった。文学科の作文の評価が厳しく、誰が採点しているのかと話題になっていたところ、二学期になって文学科だけ特別扱いになり、隔週一回、万太郎が教室に来て、即題で作文を書くことになった。題目は、「三田の文科にはひつたわけ」、「帽子」、「雨」などであったという。

講義中の姿はほとんどが和服で、「黒ずんだネズミ色のセル袴をはき、履物は恐らく教員室備付のものであろう赤い鼻緒の安物の麻裏草履」（戸板康二『久保田万太郎』）であった。ときには洋服を着ることもあったが、焦げ茶色の「新しい上等品ではなさそうな」背広に、「樽抜きの渋柿のような独特の黄色いキッドの靴」という出で立ちであった。

文芸人として

演劇界との係わりを深めていった万太郎は、大正十五（一九二六）年三月に義塾の職を辞して、前年開局した日本放送協会に、嘱託として週一回勤務することとなる。「時事新報」の事業部長から、放送協会の放送部長に転任した矢部謙次郎が、万太郎と久米正雄に番組企画を頼んだことがきっかけであった。昭和六（一九三一）年には専任として演劇兼音楽課長になる。小説の執筆は減少し、戯曲、脚色、演出、劇評の仕事を多く担当することとなる。

昭和九年、長男耕一の普通部進学を機に三田四国町に転居、戦災で自宅が焼けるまで小山町、綱町と三田周辺に居住することとなる。戦時色が強くなり、「放送局の在りかたが、ぼくのやうな自由主義を許容する寛大さをうしなったので、體よくぼくは追はれた」（「私の履歴書」）という状況で、同十三年放送局の職を辞した。その後は、舞台演劇へと活動の場を移していく。そうした表向きの姿とは別に、万太郎の私生活は決して順調ではなかった。昭和十年に、妻が睡眠薬を飲んで亡くなったのを始めとして、終戦の年六月に父を、そして終戦の日に母を亡くしている。戦後も長男耕一や、精神的支柱であった三隅一子に先立たれるなど、逆縁の悲哀を味わっている。

歌舞伎や新派の脚本演出、劇評を通じて、また歌壇での交友も広く、豪放磊落で明け透けにものを言う性格は、誤解を呼ぶこともあり、また、万太郎自身も好き嫌いが激しいほうであった。しかし、内面はさびしがり屋で、人なつっこい性格で、晩年まで多くの人々に囲まれる姿が見られた。日本芸術院会員、日本演劇協会会長、郵政審議会専門委員などを歴任する。昭和三十二年には文化勲章を受章した。同三十八年五月六日、梅原龍三郎邸で開かれた美食会で、赤貝を喉に詰まらせて急逝。七十三歳であった。亡骸は、文京区本郷の東大赤門前にある曹洞宗喜福寺に葬られた。

句碑

万太郎没後十年にあたる昭和四十八（一九七三）年五月九日、三田山上の東端、旧図書館八角塔の脇の丘で、彼の句碑の除幕が行われた。意匠は義塾出身で舞台装置家として知られ中等部の教員も務めた古賀宏一が担当した。高さ一一〇センチメートルの台湾産白大理石に黒御影を嵌めこんだ碑面には、小山内薫の授業を偲んで詠んだ自筆の句、「しぐるゝや大講堂の赤れんが」が刻まれている。

塾文学部教授であった池田弥三郎の裏面にある撰文は、「久保田万太郎は東京浅草の生れ。三田に學んで永井荷風小山内薫らを師とした。早く作家として世に出て以来、独自な文人として生涯渝ることがなかった。晩年著作権の一切を母校に寄託し、忽焉として逝った。慶應義塾は記念基金を設けてその遺志を傳え、今、没後十年を機として句碑を建てた。その句 小山内先生をおもふ しぐるゝや大講堂の赤れんが　昭和四十八年五月」と刻まれている。

撰者である池田弥三郎が若くして常任理事の職務に就くきっかけを作ったのは、万太郎であった。当時助教授で、文学部における身分さえ安定していないことを理由に、確答を渋っていた池田を、万太郎は「今宮のところに行こう」と深夜にもかかわらず、目黒の今宮新の自宅に連れていった。今宮が中等部長のとき、池田が主事を務めていたことを記憶していた万太郎は、今宮に対し、「池田が理事を引き受けて学問から遠ざかるけれども、文学部の教授会のことは、よろしく頼む」との趣旨の話をしたことにより、結果、池田の理事就任を見たのであった。また、碑文にある、著作権の寄託については、理事となった池田の取り計らいによるもので、万太郎没年の前年、昭和三十七年のことであった。

◉久保田万太郎句碑

［大澤輝嘉］

文学の丘（その三）──小山内薫胸像

三田キャンパス図書館旧館八角塔脇の小高い丘（通称文学の丘）に小山内薫《おさないかおる》の胸像が建っている。一高、東大出身で築地小劇場を興し日本における新劇の父である薫の胸像が三田山上に建つまでの経緯を紹介する。

出生から演劇活動の開始、眞砂座跡

薫は、明治十四（一八八一）年、陸軍軍医であった小山内建（玄洋）と、小栗忠順《ただまさ》の分家にあたる旗本三河小栗氏の出の母錞《しゅん》の長男として、父が赴任していた広島県広島市細工町（現中区大手町）で生まれた。五歳のとき父が三十八歳で早逝、東京へ移った。母親が芝居好きだったこともあって、少年時代から演劇に親しんだ。府立一中在学時、狂歌や詩作にはげんだ。この狂歌の会で、後の盟友となる歌舞伎役者二代目市川左団次と知り会うことになった。明治三十二年第一高等学校に入学、失恋をきっかけに内村鑑三の門に入り、『聖書之研究』の編集助手を務めた。東京帝国大学英文科に進学。英語教師ラフカディオ・ハーンの解任に対する留任運動に加わったため、一年留年したといわれている。東京帝国大学在学中から、亡父のかつての同僚でもある

◉小山内薫胸像（三田キャンパス）

森鷗外の知遇を得て、舞台演出に関わり、詩や小説の創作をおこなった。明治三十七年十一月、森鷗外の実弟である、劇評家の三木竹二の紹介で、薫訳の「ロメオとジュリエット」を日本橋中洲にあった眞砂座で、川上一座から独立した新派俳優伊井蓉峰が座長を務める劇団が上演した。

大学卒業直後の明治三十九年十一月三日から三十日にかけて、同じく眞砂座で、薫の脚色による夏目漱石の『吾輩ハ猫デアル』が伊井らの出演で上演された。現在、日商岩井日本橋浜町マンションの脇に、「漱石「猫」上演の地」の添え書きのある、平成十六年一月建立の「眞砂座跡」の石碑がある(中央区日本橋浜町五－一)。早稲田大学第十四代総長奥島孝康による説明板が添えられている。碑文には、「夏目漱石の「我輩ハ猫デアル」は、小山内薫によって脚色された。伊井蓉峰らが出演し、日本橋中洲の眞砂座跡で明治三十九(一九〇六)年十一月三日から三十日にかけて上演された。平成十五年十月吉日　早稲田大学　第十四代総長　奥島孝康　識」とある。

翌明治四十年、薫は同人誌『新思潮』(第一次)を刊行し、近代演劇の確立者イプセンをはじめとする海外の自然主義戯曲の紹介を行い、演出の機能を理論化したゴードン・クレイグの研究をすすめた。潮文閣から六冊刊行されたこの第一次『新思潮』は、新劇運動の先駆をなした雑誌であった。同四十二年、二代目左団次と共に西欧に倣った自由劇場を興し、以降大正八年まで、『どん底』などの西欧近代劇の翻訳による「新劇」を上演した。

義塾との係わりと急逝

明治四十三年、薫は義塾大学部文学科の講師として迎えられ、劇文学の講義を受け持った。その年は義塾文学科に大きな刷新が加えられた時で、殊に教授陣容の充実を図ったことが注目される。即ち文学専攻では、永井荷風、小山内薫、戸川秋骨、小宮豊隆といった新進気鋭の士が、教授スタッフとして加わっている。また同年五月には『三田文学』が創刊されている。爾来大正十二年三月までの十三年の長きに亙《わた》り、義塾文学科と三田文壇の流れのなかで薫の果たした役割はきわめて大きなものがあった。学生の中には薫が選考を務めた懸賞戯曲でデビューした久保田万太郎や、佐藤春夫ら三田派の新進作家たちがいた。

さらに教壇を辞してからも、薫の名を不朽のものとした築地小劇場の発足は、実にその一カ月前の大正十三年五月二十日、義塾大学演劇研究会主催の三田大講堂での講演が、直接の発端となったものである。薫は「日本の既成作家の脚本には何ら演出欲をそそられるものはない。われわれの劇場では当分翻訳劇のみを上演する」と宣言した。

　また薫が昭和三年の十二月二十五日、築地小劇場の公演作「晩春騒夜」打上げの会に招かれた席上で、四十七歳の若さで心臓麻痺により急逝すると、夫人とその三人の遺児のために教育基金の募集を行ったのは、慶應義塾社中の人々であった。その結果募金総額は九百九十一円に達し、その内諸経費を差し引いて八百六十三円四十四銭を、昭和五年二月二日、薫の遺族に贈った。亡骸《なきがら》は多磨霊園に葬られた。戒名は「蘭渓院献文慈薫居士」。府中市多磨霊園の五区一種一側三七番にある墓石正面には、左団次の筆により「小山内薫之墓」と刻まれている。

築地小劇場跡

　薫は大正元年から二年にかけてのロシア、ヨーロッパ外遊を経て、モスクワ芸術座のスタニスラフスキーとドイツ座のラインハルトの影響を受け、自由劇場の仕事のほかに、市村座の幕内顧問、松竹キネマ研究所長を経て、『劇と評論』を創刊した。

　大正十三年六月十三日、関東大震災の報を聞いて演劇研究のため留学していたドイツから急遽帰国した土方与志《よし》と共に、薫は京橋区築地に日本初の新劇の常設劇場であり、劇場の専属劇団でもある、築地小劇場を開設した。「演劇の実験室」、「演劇の常設館」、「理想的小劇場」をモットーとした劇場は、建坪二百六十四平方メートル、ゴシック・ロマネスク様式の平屋の建築物で、漆喰の粗面は鼠色一色に塗られていた。正面の真ん中に三つのアーチがあってそのうちの二つが観客の出入り専用で、右側のアーチは壁になっていた。客席は四六八席。舞台背後の上部がドーム状に湾曲したクッペル・ホリゾントを完備し、可動式の舞台や電気を用いた世界初の照明室を備えていた。旗揚げ公演は、薫演出のチェーホフの「白鳥の歌」、マゾオの「休みの日」、そして土方演出のゲーリングの「海戦」の三作品であった。

　薫や土方らは、歌舞伎の伝統からまったく離れた思想の

●築地小劇場跡記念碑

器としての写実的演劇をめざし、演劇革新の狼煙《のろし》を上げたのである。築地小劇場はその拠点であり、専《もっぱ》らゴーリキーやチェーホフなどの戯曲の翻訳劇や、創作劇を実験的に上演した。小劇場は薫の急死の翌年、新築地劇団と劇団築地小劇場とに分裂し、解散。貸し小屋となった劇場自体は昭和九年の改築を経て、左翼演劇の拠点になったが、戦争体制の深化した昭和十五年十一月に国民新劇場と改称し、同二十年三月十日の東京大空襲で焼失した。現在跡地には、昭和五十二年に日本演劇協会によって建てられた、有島武郎の実弟で作家の里見弴《とん》の揮毫・碑文による記念碑がある。劇場正面を模《かたど》ったレリーフの下に「築地小劇場跡」の揮毫、碑文には「大正末から昭和にかけ、新劇の本據として大いにその發展に寄與した。戦災で焼失」とある（中央区築地二―一一―二　ＮＴＴデータ築地ビル）。

海水館跡

海水館は、明治三十八年に坪井半蔵によって、京橋区新佃島に建設された割烹旅館兼下宿である。建坪一三〇坪の二階建てで、部屋数は二十四あった。明治二十九年に新佃島が造成された後、この辺りは東京湾に臨み房総を一望におさめ得る景観に恵まれた、松林の多い閑静な場所であった。海に向かってせり出した部屋からは、釣りを楽しむことができたそうである。

●海水館跡の碑

この環境を愛して薫をはじめ、島崎藤村、木下杢太郎《もくたろう》、市川左団次、三木露風、吉井勇、久保田万太郎、竹久夢二、日夏耿之介《ひなつこうのすけ》らの文人がしばしば集い、滞在した。薫は海水館に止宿し、明治四十二年から四十四年にかけて『大川端』を執筆し読売新聞に連載した。『大川端』に出てくる主人公小川正雄は、眞砂座のあった中洲の「新布袋屋」という料亭で暮らしたことのある若い演劇人で、薫自身がモデルではないかと言われている。建物は大正十二年の関東大震災で全焼した。隣接地に玄関先の石畳が移築され、藤村の母校である明治学院大学の藤村研究部が昭和四十三年に建立した海水館跡の記念碑がある（中央区佃三－一一－一九）。

「カフェー・プランタン」

明治四十四年三月、京橋区日吉町（現在の中央区銀座八丁目五番から同六番までの地域）に、洋画家松山省三と平岡権八郎が、日本初のカフェ「カフェー・プランタン」を開店した。パリのカフェのように文化人が集い芸術談義を楽しむサロン的な場所を標榜し、建物は銀座煉瓦街のものを改装したものであった。相談役の薫が「プランタン」（フランス語で春の意）と命名し、看板も書いた。森鷗外、永井荷風、北原白秋、谷崎潤一郎、岡本綺堂、島村抱月、菊池寛ら多くの文化人が会員や常連客となった。

関東大震災で煉瓦造りの建物は倒壊し、一時期、牛込区牛込神楽坂（現在の新宿区神楽坂一丁目から同三丁目までの地域）に支店を出した。本店は震災後、日吉町の東側、銀座通り沿いの南金六町（現在の銀座八丁目七番地から同一〇番地までの地域）に移転した。その後も営業を続けていたが、昭和二十年三月の東京大空襲で焼失した。

胸像

薫の胸像は、昭和三十三年歿後三十年を記念して、その友人門弟たちが相寄って薫を偲ぶ縁《よすが》として、朝倉文夫に依頼して作ったものである。その年の十二月二十五日、薫の三十回目の祥月命日に完成した。問題は胸像をどこに置くかということで、ひとまず歌舞伎座に預けられ、その別館の売店前におかれていた。

だが、本来歌舞伎座の人でない薫の胸像が安置される場所としては相応しくないとのことから、関係者で協議の末、もっとも縁故の深い三田に移されることになった。昭和三十九年八月一日、西校舎と第三研究室棟の間に、谷口吉郎の意匠の台座に乗せられ設置された。この場所は、築地小劇場の旗揚げの発端となる講演会場であった大講堂の跡地に近いということから選定された。大学院棟の建設に伴い、昭和五十九年に現在の場所に移設された。

また、義塾図書館には、六〇〇〇冊もの小山内の旧蔵書や演劇関連の絵葉書七〇〇点の他、築地小劇場創設のポスターなどの遺品六五〇点を含む「小山内文庫」がある。これらは三田文学関係者である水上瀧太郎、水木京太の斡旋で購入したものである。

［大澤輝嘉］

文学の丘（その四）吉野秀雄歌碑

生い立ち

歌人の吉野秀雄は、明治三十五（一九〇二）年、群馬県高崎市の織物問屋の株式会社吉野藤を経営する父吉野藤一郎と母サダの次男として生まれた。明治四十二年、身体が病弱であったため富岡上町の祖父母のもとに移り住み、富岡小学校に入学。大正四（一九〇五）年の四月に高崎商業学校に入学。国文学に親しみ、正岡子規や長塚節について学ぶ。大正九年、高崎商業学校を卒業後、小学生のときに読んだ『福翁自伝』に感銘を受け、福澤諭吉への敬慕から、実業家を目指し慶應義塾大学理財科予科に入学し、次いで経済学部に進んだ。義塾在学中に子規庵を訪ね、遺墨を見て感銘を受けた。しかし、大正十三年に肺結核を患い喀血して帰郷。失意のうちに大学中退を余儀なくされ、ここから吉野の生涯に渡る種々の疾病との闘いが始まる。

病床で国文学を独学し正岡子規らアララギ派の作風に強い影響を受ける。この頃より子規の『竹乃里歌』に感応して和歌を学び始め、大正十四年に會津八一の『南京新唱』に傾倒、同年八月に療養生活のため七里ケ浜の鈴木療養所（現鈴木病院）に入り、鎌倉市長谷の光則寺の借家に居住。翌

◉吉野秀雄

十五年に栗林はつと結婚し、第一歌集『天井擬視』(私家版)を刊行。文体の骨格や語彙に万葉集の影響がうかがえる。

良寛研究・小林秀雄との交流

相馬御風の著書を通じて良寛を知り、昭和五(一九三〇)年、「ちょうど病気がいくらかいいのに乗じて、新潟県出雲崎の良寛百年忌の式に列席し、遺跡めぐりにも息あえぎながら加わったし、あちこちで遺墨にも接した」(「昔のよき人と直接の師」)ことを機に、良寛の研究を始め、『良寛歌集』、『良寛和尚の人と歌』などの著作を世に出した。大正十一(一九二二)年、出雲崎町大字石井町の生家橘屋の屋敷跡に建てられた、日本画家安田靫彦設計の良寛堂の敷地内には、昭和六十一年建立の秀雄の歌碑、「掛網の　おもり触れ合ふ音すずし　良寛堂の　裏浜くれば」が建っている。秀雄と交友のあった小林秀雄のエッセイ「真贋」に、良寛と両「秀雄」に関する次のようなエピソードが記されている。

「先年、良寛の『地震後作』と題した詩軸を得て、得意になって掛けてゐた。何も良寛の書を理解し合点してゐるわけではない。たゞ買ったといふので何となく得意なのである。さういふ何の根拠もないうかうかした喜びは一般書画好き通有の喜びであって、専門家の知らぬ貴重な心持ちである。或る晩、吉野秀雄君がやって来た。彼は良寛の研究家である。どうだと言ふと、黙って見ている。

『地震といふのは天明の地震だらう』

『いや、越後の地震だ』

『ああ、そうかね、越後なら越後にしとくよ』

『越後地震後作なんだ』

『どっちだって構わない』

『越後に地震があってね、それからの良寛は、こんな字は書かない』

純粋な喜びは果敢無いものである。糞ッいまいましい、又、引っ掛かったか、と偶々傍に一文字助光の名刀があったから、縦横十文字にバラバラにして了った。

『よく切れるなあ』と吉野君は感心する。

『その刀は何んだ』

『お前さんのような素人には解るまいが、越後だよ、全くよく切れるなあ、何か切ってみたかったんだが、丁度いゝや』

軸物を丸めて廊下に放り出し、二人は酒を呑み、い、機嫌であった」。

二人は、その時、年齢も同じ四十九歳であった。

天神島の文学碑

天神島は横須賀市佐島にある周囲一キロメートル程の、相模湾の一部である小田和湾入口付近に浮かぶ島である。自然が豊富に残っているため、市は天神島と沖合二〇〇メートルに位置する小規模な無人島「笠島」及びその周辺を天神島臨海自然教育園として整備、保存をしている。また横須賀市の花である浜木綿《はまゆう》の自然分布の北限地であると言われており、そのため神奈川県の天然記念物に指定されている。

◉天神島の文学碑

臨海自然教育園の手前を道なりに左へ曲がっていくと、森の際に秀雄の文学碑がある。「この島を北限とせる浜木綿の　身を寄せ合ふがごとき茂りよ　草質《くさだち》といへど逞し浜おもと　佐島の磯にいのち根づきし」（ルビ筆者加筆）と刻まれている。昭和二十九年の七月下旬に、秀雄は横須賀に住む友人から「佐島の浜木綿が咲き出したらしい」との連絡を受けて、天神島を訪れた。鎌倉の自宅から逗子に出て、芦名行きの臨時バスに乗った。はじめは満員であった客も、森戸、一色、長者ヶ崎や久留和、秋谷などの海水浴場でだんだん減り、終点の芦名で降りたのは秀雄ただ一人であったという。碑の歌は、この時に詠まれたもので、昭和三十三年十月に『寒蟬集』と新編『晴陰集』を収録して出版された『吉野秀雄歌集』に収められている。

瑞泉寺の歌碑

昭和八年、実家の吉野藤東京支店に入店し、商報「吉野藤マンスリー」の編集を担当する。「吉野藤マンスリー」は、吉野藤一郎が編集してきた「吉野商報」を受け継ぐ形で発刊され、昭和八年八月号から、太平洋戦争臨戦下で終刊となる昭和十六年の新年号まで休まず続いた。色刷りの表紙を使ったA4版一六頁前後の、当時としては見栄えのするものだった。昭和六年に本籍を移して鎌倉に転地し、永住の地とし、鎌倉短歌会をおこし、また、鎌倉アカデミア文学部の教授を、昭和二十一年から廃校までの四年間を勤めた。戦時中の昭和十九年八月に妻はつが胃癌で逝去。終戦後の同二十二年十月、詩人八木重吉の妻であった八木とみ子と再婚した。式は重吉の祥月命日に挙げられた。

　生涯で患った病は、気管支性喘息、肺結核、糖尿病、リューマチなどで、晩年は病床につき、時に選歌、揮毫を行うが、外出も稀になった。昭和三十七年、特選塾員になる。昭和三十四年『吉野秀雄歌集』で読売文学賞、同四十二年迢空《ちょうくう》賞、同四十三年『含紅集』で芸術選奨と、各種の賞を受けた。昭和四十二年七月十三日に五十八歳で永眠。鎌倉市二階堂にある瑞泉寺に埋葬された。法名は艸心堂是観秀雄居士、命日は「艸心《そうしん》忌」と呼ばれている。

◉瑞泉寺の歌碑

　瑞泉寺は、臨済宗円覚寺派の寺院で、山号は錦屏山《きんぺいさん》。本尊は釈迦如来で、開基は二階堂道蘊《どううん》である。鎌倉随一の花の寺で、紅葉の名所としても知られている。文学や学問とゆかりの深い寺でもあり、鎌倉時代には五山文学の拠点として栄え、近世には徳川光圀が自身の鎌倉旅行を『新編鎌倉志』として編纂をさせたという。境内には、秀雄の墓と歌碑の他、久米正雄の墓、高浜虚子、久保田万太郎、大宅壮一、山崎方代、吉田松陰などの碑がある。昭和四十三年七月六日の第一回艸心忌の際に建立された、瑞泉寺境内の秀雄の歌碑には、「死をいとひ生をもおそれ人間のゆれ定まらぬこころ知るのみ」と刻まれている。

歿後・三田山上の歌碑

　昭和四十四年から翌年にかけて、『吉野秀雄全集』全九巻が、筑摩書房より刊行された。それと同時に秀雄の歌碑を三田山上に建てる計画が進められた。またこれと時を同じくして、秀雄の随筆集『やわらかな心』、山口瞳の『小説・吉野秀雄先生』、吉野の次男壮児が著した『歌びとの家』を原作に、広沢栄が脚本を執筆し、中村登が監督した、松竹配給の映画「わが恋わが歌」が上映された。同年十月二十八日の封切り前日、有楽町ピカデリー劇場で開催された試写会では、主演の十七代中村勘三郎、二人の妻役の岩下志麻、八千草薫らの出演者が、歌碑建設のためそろって劇場入り口に立ち、募金活動に協力した。岩下志麻の捧げ持った募金箱には浄財一万四千五十円が集まったという。

昭和四十七年七月一日、秀雄の七回忌に大正十四年卒業の同期の友人たちによる醵金で、旧図書館脇の通称「文学の丘」に、秀雄の歌碑が建てられた。高さ一四〇センチの根府川産の自然石の碑面には、学生時代に詠んだ歌「図書館の前に沈丁咲くころは恋も試験も苦しかりにき」が刻まれている。除幕は、秀雄の令孫に当たる半沢龍太、雄介の手によって行われ、当時の佐藤朔塾長、吉野令夫人をはじめ関係者多数が出席した。

同じ年の十月七日、秀雄の歌碑の周囲に、大正十四年三田会の寄贈により、沈丁花の苗木五十本が植樹された。秋学期の定期試験の時期は、一月中旬から二月上旬に移ったが、毎春旧図書館脇の沈丁花は、その甘い香りをキャンパスに届けている。

［大澤輝嘉］

◉三田山上の歌碑

三田の植物

浜木綿

浜木綿《はまゆう》は、ヒガンバナ科の多年草で、花の様子が木綿《ゆふ》を垂らしたようであることが名の由来である。木綿はコウゾなどの樹皮を細く裂いて作った繊維から作った布で、古代から神事などに用いられてきたものである。花は八月に見ごろを迎える。水はけが良く日あたりの良い場所を好み、主に温暖な海浜で見られる。道ばたや公園、庭に植えられることもあり、宮崎県の県花となっている。

柳弥五郎は、明治二十九（一八九六）年九月入社（『慶應義塾入社帳』より）。塾生時代はボート、柔道、野球その他の万能選手として鳴らし、硬派の旗頭でもあった。社会に出てからは郷里和歌山で過ごし、太平洋戦争中は和歌山県海南市の名物市長として軍部としばしば渡り合った反骨の人でもあった。そんな柳だが趣味の点では意外な一面があった。

それは浜木綿に魅せられていたことである。晩年を過ごした堺市浜寺（現大阪府堺市西区）の自宅の庭は千本をこす浜木綿で埋められていた。

その柳が、義塾創立百年に当り、何か母校に寄贈したいと考えた末思いついたのが、三田と日吉のキャンパスに浜

◉浜木綿

木綿を植えることであった。翌昭和三十四年、常任理事会で受入れが決定するや、浜木綿をトラック一杯に積み込み、浜寺から夜を徹して東海道を東京まで運んできた。塾では三田と日吉に植えることにし、三田は旧南校舎の西半分の前庭に、日吉は記念館前の広場がその場所に予定された。問題は冬である。霜に弱いだけにそれをどう防ぐかに塾でも頭を痛め、結局、一本一本に藁で霜よけをつけることにした。これが功を奏したのか、三田では翌年も生き生きとした葉と花をつけたが、日吉ではやはり無理だったようで、根づかなかった。そんなことを二、三年繰り返した末、柳の助言もあり霜よけをやめてしまったが、すっかり三田の土壌に馴染んだせいか、南校舎改築前までは、見事な浜木綿の群生林となって、夏期スクーリングの塾生たちを多くの白い花が迎えていた。

平成二十一年六月の南校舎の建て替え工事に伴い、約十株が桜田通りを隔てて建設された南別館の屋上に移植され、残りは義塾と契約している造園業者が管理している。新しい南校舎前のツツジも見事ではあるが、正門警備室の脇、崖下に植え替えられた浜木綿にも目をとめてほしい。

椨

椨《たぶ》の木は、クスノキ科タブノキ属の常緑高木である。イヌクス・タマクスとも称される。東北地方から九州・沖縄の森林に分布し、とくに海岸近くに多い。照葉樹林の代表的樹種のひとつで、各地の神社の「鎮守の森」によく大木として育っている。

文学部教授で、中等部の主事や、常任理事も務めた池田彌三郎は、民俗学者・国文学者の折口信夫に師事した。国文学、民俗学の研究者としてはもとより、数々の随筆や、

◉南館脇に植え替えられた椨

◉椨を植樹する池田彌三郎
（『三田評論』平成19年11月号より）

ラジオ、テレビに数多く出演し、初期の「タレント教授」としても知られている。

定年退職の年であった昭和五十五年三月七日に、池田は三田を去るにあたって、かつて義塾で教鞭をとった折口信夫が終生愛着を持ち続けた椨の木八十本ほどを、先師をしのぶ「よすが」として、演説館前に三十本、その崖下の正門脇に残りを植樹した。植樹にあたっては、生態学者で、「混植・密植型植樹」として鎮守の森の重要性を提唱する、宮脇昭横浜国立大学教授の尽力を得た。

この計画は、同四十八年の折口没二十年記念事業に端を発している。折口は著書『古代研究』の口絵に「たぶのきの杜」を多く使っているが、その意図を明らかにするものは何も残さず、また池田ら弟子たちにも何も話していなかった。折口が椨を好んだ理由を、池田は記念事業を機に明かそうと試みたのであった。結果、椨は、今でこそ神社など限られたところでしか見られなくなったが、もともとは日本古来の植物で、椎などと同じように広く原生していたことが分かった。だが折口の研究と特別な関わりは何も発見できなかった。しかし、椨の歌をいくつか詠み、石川県羽咋《はくい》市一ノ宮町にある墓も椨の林の中にあることから、記念樹として選ばれた。

池田は義塾を退いた後、洗足学園魚津短期大学で教鞭をとったが、同五十八年に六十七歳でその生涯を終えた。この椨も南校舎建て替えで、演説館前のものは残ったが、正門左脇の崖下にあった大部分はそのいわれを記した碑と共に南館脇に植え替えられている。

沈丁花

沈丁花《じんちょうげ》は、ジンチョウゲ科ジンチョウゲ属の常緑低木。チンチョウゲとも言われる。原産地は中国南部で、日本では室町時代頃にはすでに栽培されていたとされる。日本にある木は、ほとんどが雄株で雌株はほとんど見られないため、挿し木で増やす。赤く丸い果実をつけるが、有毒である。花の煎じ汁は、歯痛・口内炎などの民間薬として使われる。二月末ないし三月に花を咲かせることから、春の季語としてよく歌われる。つぼみは濃紅色であるが、開いた花は淡紅色でおしべは黄色、強い芳香を放つ。枝の先に二十ほどの小さな花が手毬状に固まってつく。花を囲むように葉が放射状につく。葉は月桂樹の葉に似ている。

幼稚舎長を務めた吉田小五郎の回想によれば、「その昔図書館と大ホールと塾監局の外は皆木造といった時代に、どういうものか沈丁花がいたる所に植わっていた。図書館の前、ヴィッカースホールの横、大ホールの前、萬來舎の入口から玄関までの両側、それが三学期の試験頃、卒業式の間近になるとびっしり花をつけてぷんぷん匂」う(「沈丁花と浜木綿」『三田評論』昭和四十七年四月号所収)ほどであったという。

歌人の吉野秀雄は、義塾在学中に結核をわずらい中退。以後生涯の多くを病床で過ごすも、創作活動に没頭し、アララギ派に強い影響を受けた作風で知られる。

昭和四十七年七月一日、吉野の七回忌に大正十四年卒業の同期の友人たちによる醵金で、旧図書館脇の通称「文学の丘」に、吉野の歌碑が建てられた。高さ一四〇センチの根府川産の自然石の碑面には、学生時代に詠んだ歌「図書館の前に沈丁咲くころは恋も試験も苦しかりにき」が刻まれている(六六ページ)。

同じ年の十月七日、吉野の歌碑の周囲に、大正十四年三田会の寄贈により、沈丁花の苗木五十本が植樹された。秋学期の定期試験の時期は、一月中旬から二月上旬に移ったが、毎春旧図書館脇の沈丁花は、その甘い香りをキャンパスに届けている。

◉藪蘭と「福澤諭吉終焉之地記念碑」

藪蘭

藪蘭《やぶらん》は、ユリ科（最新の植物分類体系ではスズラン科）の植物の一種で、別名リリオペ、サマームスカリ。多年草で開花期は夏から秋。花は紫色の小さいもので、穂状に咲く。葉は、細長く、先は垂れる。葉は斑入りのものがあり、庭の木陰で栽培される。園芸品種には葉に斑入りのものがあり、花期以外にも鑑賞される。

三田キャンパスの南東の崖の上に、「福澤公園」と呼ばれている小公園がある。ここにはかつて福澤諭吉の邸宅があり、福澤の亡くなった場所でもある。終焉の地である三田山上には、戦災により福澤邸が焼失した後も、なんらの標識も立てられることなく放置されてきた。その状態を遺憾とした大正十年三田会の諸氏が、たまたま昭和四十六年が大学卒業五十年に当たり、且つまた、義塾の三田移転百年でもあるので、それを記念して福澤邸跡に「福澤諭吉終焉之地記念碑」を建てたのであった。除幕式はその年の三月二十三日に行われたが、記念碑は高さ一四〇センチの御影石で造られている。平成二十一年四月に公園全体が整備され、ベンチも増設された。

記念碑の周囲一面には藪蘭が植えられている。この蘭は福澤諭吉がその青春の幾年かを過ごした緒方洪庵の適塾の中庭にあったものを、昭和五十年秋に、洪庵の曾孫である緒方富雄東京大学名誉教授から寄贈されたものである。

その年の九月に緒方が、交詢社で開かれた福澤諭吉協会の第七回土曜セミナーで講演した際に、一鉢の蘭を示した。適塾の狭い中庭に藪蘭が植え込まれている。いつ植えられたものか、福澤が在塾されていた当時からのものか明らかではないが、東京の緒方の自宅に株分けしたところ、そこでも成長し株が広がったので、「適塾蘭」と名付けて、緒方塾ゆかりの方々に分けたいと語った。福澤協会としても三田山上に植えるのが適切と考え、同協会の土橋俊一氏とたまたまその会に出席していた山本登常任理事、鎌田義郎塾監局長らが相談して、緒方の好意を受けることとなったのである。

その三田の「適塾蘭」は無事に根付き広がっている。そこで、その一部は横浜初等部が開校した時に、和室の脇の庭に移植された。

［大澤輝嘉］

中庭と「慶應讃歌」

中庭の祝賀会

平成二十三年五月三十日の夜、竣工したばかりの南校舎を背に設けられたステージから、清家篤塾長は、東日本大震災で海外の国々が日本は大丈夫かと心配している中で、日本が元気であること、大丈夫であることを示したこの優勝の意味は大きい。特に、学業とスポーツを両立させている学塾である慶應義塾が優勝したことの意味は大きい、と語りかけた。

この日、塾野球部は早稲田に連勝して東京六大学野球春季リーグ戦に優勝した。いつもの優勝と同じように、神宮球場からは、塾旗そして自動車部のクラシックカーを先頭に、優勝パレードが行われた。そして、大公孫樹の下に、第一校舎、図書館新館、南校舎、大学院校舎に囲まれた中庭は、パレードに参加した塾生、塾員だけでなく、仕事帰りの塾員で一杯となった。優勝を祝う社中の人々で立錐の余地のない中庭の様子は壮観でもあった。

中庭の出現と出陣学徒

今の中庭の位置に広い空間が出来たのは、昭和十四年のことである。大正四年に、今の西校舎左側の位置にユニコンの彫像で親しまれた大講堂が出来て以来、塾監局と今の図書館新館の間の位置から西側を見ると、大公孫樹の先に大講堂の正面が見えた。これが戦前の三田山上のメインストリートであり、その両側には木造の校舎が六棟も建っていた。従って、その頃の三田山上には、大きく開けた場所はほとんどなかったのである。

その後、昭和九年に日吉キャンパスが開校すると、日吉建設計画を拡張することとなり、幼稚舎の三田から天現寺への移転、三田の大学部校舎の新築等が計画された。この計画で、先ほどの大公孫樹から大講堂に向かって右手に学部校舎、左手に研究室棟が予定された。まず右側の木造校舎四棟を撤去した跡に、昭和十二年、学部校舎（現在の第一校舎）が竣工した。一方、左側の校舎二棟は、昭和十四年に撤去された。ここにはじめて広い空間が出現したのであった。そして、そこに建つはずだった研究室棟は、時局の悪化で、結局実現することはなかった。

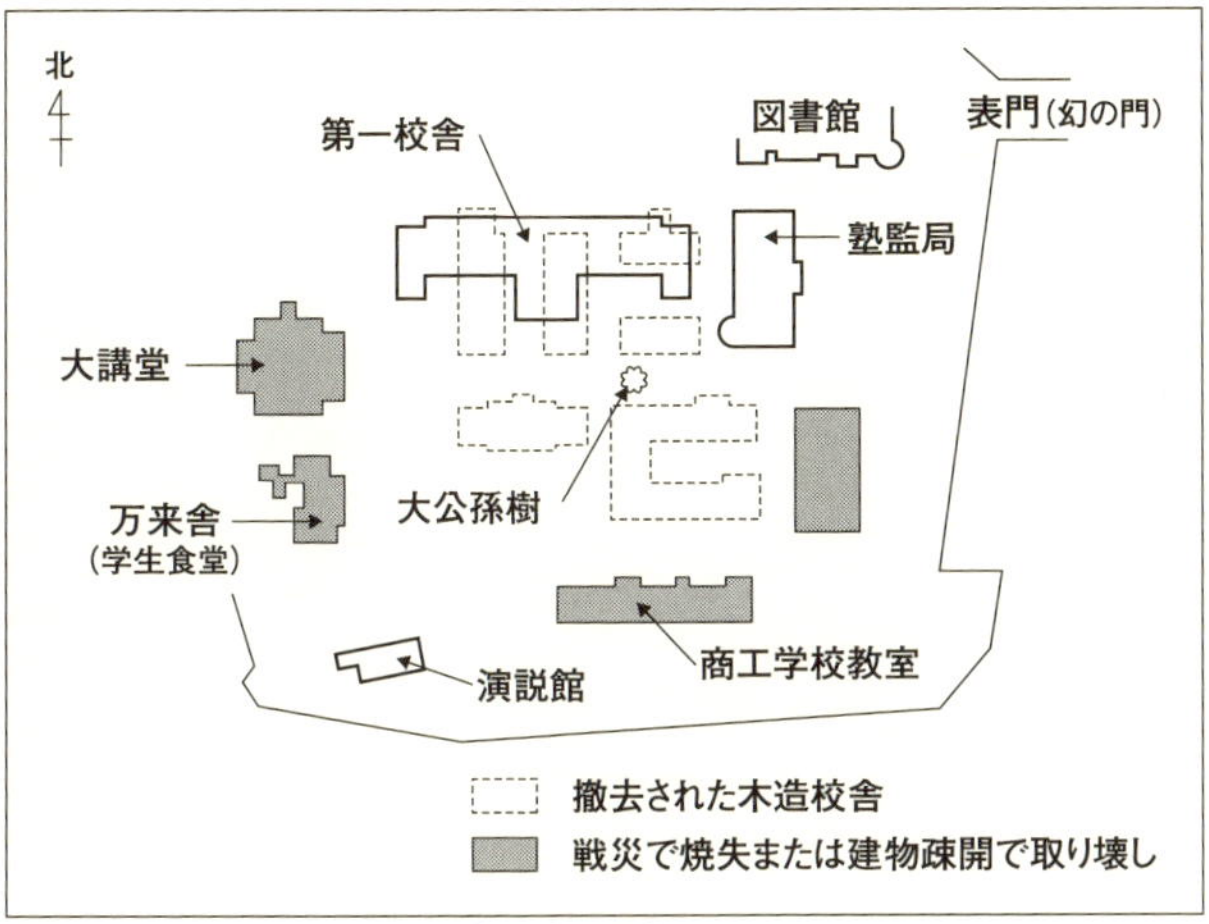

◉第二次世界大戦前後の三田山上「中庭」周辺略図

ちなみに、学部校舎と研究室棟の計画について、『三田評論』（昭和十一年八月刊）は「このプランを採用するに至った理由」の一つとして「山上の地形と二棟の新館の占める位置及び面積から見て、中庭のスペースが広くとれて」と記しており、「中庭」を創り出す構想があったことがわかる。

幻の研究室棟の予定地だった場所も含めたこの広場では、昭和十八年十一月二十三日、「塾生出陣壮行会」が催された。「最後の早慶戦」も終え、出征する塾生達の壮行会である。三千余名の出陣塾生に、教職員、在学生、出陣塾生父兄が多数参集して行われた。

塾長であった小泉信三は後に回想している。

「式が終ってから、塾生は大講堂の前の広場に、送る者と送られる者と相対して整列し、塾の様々な歌を歌い、また肩を組み、前後左右に大浪のように揺れ動きつつ、対校競技に勝ったときの歓喜の歌を合唱した。」

その後、出陣する塾生達は隊列を組んで、大公孫樹の下を通り、表門（幻の門）から塾を出て、福澤諭吉のお墓のあった大崎の常光寺に墓参に向かった。

◉塾生出陣壮行会（左側に大公孫樹、正面に大講堂が見える。写真の右側に第一校舎がある）［慶應義塾福澤研究センター蔵］

「私は門で最後の学生を見送ってから、自動車で行進の跡を追い、先生の墓の前で、再び塾生と別れの挨拶を交わした。

それを終えて、私は午《ひる》過ぎ塾へ還って来た。数時間前の熱情的な光景にひきかえ、丘の上には人影は疎らで、日は空しく明るく、校庭は空しく広く思われた。墓参を終えた学生の中には、名残りを惜しんで、また山の上へ帰って来たものもある。今別れて来たばかりのその学生等に会うことが、遠国の旅から帰国した昔の人とでも再会したように感じられた。」（「別離」『新文明』昭和二十七年二月号）

創立九十年記念式典

義塾は大戦で大きな被害を受けた。広場周辺の光景も一変した。大講堂は焼け落ち、壁のみが残っていた。現在の南校舎の辺りにあった、商工学校の校舎も焼失した。

大講堂を失った義塾は、それから創立百年の時に日吉記念館が完成するまで、即ち昭和三十三年の卒業式、入学式までは、大人数の式典は、この広場で、野外で挙行しなければならなかった。第一校舎から南側には建物が何もないので、「中庭」とは言えない寂しく広大な広場である。

第一校舎南側のこの広場で開かれた式典の中で忘れてはならないのは創立九十年の式典である。甚大な損害を受けた義塾は、義塾の復興と日本の復興の契機にと、九十年を一年早い数えで昭和二十二年に祝ったのであった。

五月二十四日の記念式典は、第一校舎を背に設けられた御席に天皇陛下をお迎えしてはじまった。好天に恵まれたが風も強い日で机の上におかれた陛下の帽子が飛ぶというハプニングもあった。「三田新聞」は、「陛下はお気軽に立たれて、これをお拾いになった。その話をきいた三田の商店のおやじさんが、〝御自分の御帽子をおひろいになる、これが人間天皇ですね〟といったようにまことに自然な一瞬間であった」と記した。

式典は、陛下が御退席された後、ワグネル・ソサィエティーによる「慶應讃歌」の合唱、慶應義塾万歳の三唱で締め括られた。

「慶應讃歌」は、この慶應義塾創立九十年を記念して作られたもので、この式典の前日、記念祭の幕開けとなった、マンドリン倶楽部の日比谷公会堂での定期演奏会の冒頭で

◉創立九十年式典　「慶應讃歌」が合唱された［慶應義塾福澤研究センター蔵］

披露されたばかりであった。

作詞作曲者の平岡養一は、幼稚舎から義塾に学んだ木琴奏者で、昭和五年に渡米してからアメリカで活躍していた。しかし、開戦により交換船で帰国、当時は、野球部ＯＢの邸宅に居候していた。そこには野球部員や応援指導部員もよく出入りしていたので、彼らと親しく接しているうちに、「久し振りに慶早戦の気分に浸っている中に私の心の中に産れたのがこのメロディーであった」という。後に平岡は、歌詞にこめた思いを次のように説明している。

「一番はこの虚脱と混迷から何としても立直らねばならぬ祖国日本、それをもり立てる若き力の中心点は誰よりも母校慶應義塾の塾生達でなければならぬことを盛り込もう。二番は早慶戦の勝利の歌。そして締めくくりの第三節には兼ねてから私の心の中にいつも抱いていた一つの理想、即ち世界で一番すばらしい我等の母校、第二の故郷である三田の山を巣立った我々塾員達が生命の続く限り、死ぬ迄誇りと愛情を以て母校義塾を讃える歌があって欲しいという、私の小さな夢を実現したいという望みと願いを実現しようというものである。」（『塾』昭和五十四年八月刊）

平岡は、その後も、歌手藤山一郎、詩人藤浦洸らと共に、

応援指導部員の良き相談相手であった。その中から、早慶戦の前夜祭である「慶應ラリー」も生まれた。第一回目は、昭和二十五年五月に、芝スポーツセンターで開かれて盛況であったが、同年秋には、三田山上で開催されている。その時の写真を見ると、第一校舎を背にステージが作られ、そこから今日の中庭一帯が大勢の塾生で埋まっている様子がよくわかる。

昭和三十三年に創立百年を迎えた義塾は、第一校舎の南側に南校舎を、そして大講堂のあった位置に西校舎を新築した。以来、ようやく「中庭」となったこの広場で、入学式や卒業式が行われることはなくなったが、現在も三田祭、優勝祝賀会等では若人の歓喜の声がこだまする、塾の歳時記になくてはならない場所となっている。

「慶應讃歌」の意気を継いで

平成二十三年の優勝祝賀会に話を戻そう。壇上からの応援指導部員の塾生注目はどれもが、この日の喜びを日本の復興に貢献する力にしようという思いのこもったものであった。

「慶應讃歌」を肩組んで歌う時、副将の鈴木聖也君は、塾生注目で、次のように叫んだ。「一番は戦後日本の復興を若き塾生に託した！　我々塾生が日本を一つにして日本を復興しようではないか！　ここにいる全員が一つになって日本を復興させようではないか！　慶早戦に勝って、慶應が元気になって、日本が元気になればいいではないか！　こういう時こそ社中一つになろうではないか！」

いつもの祝賀会であれば、塾生は「栄えに輝く三田の山……かゞり火映ゆる丘の上、凱歌を挙げん高らかに」の二番に、塾員は「ああ美しき三田の山……月去り星は移るとも、夢に忘れぬその名こそ」の三番に思いが深くなるものである。しかしこの時ばかりは、「光あふるゝ三田の山、……我等が若き力以て、理想の祖国を打建てん」の一番の歌詞の意味をかみしめた人が多かったに違いない。

［山内慶太］

平和来

卒業二十五年塾員招待事始

三田山上の、塾監局前の植え込みの広場に、「平和来」と名付けられた青年像の彫刻が立っている。春には、青年像に重なる桜の枝々を透かして図書館が見える様が、殊の外美しい。また、冬には、葉を落とした木々の間にすっと屹立する青年像は、寒さも相まって、緊張感のある表情を示す。第二次世界大戦の際に出征して行った塾生達は、この脇の坂を下り、幻の門を出て、戦地に向かったのであった。

平和来

「平和来」の青年像は、朝倉文夫による。朝倉の彫像は、義塾には他に旧図書館脇にある小山内薫胸像、矢上理工学部にある藤原銀次郎胸像があるが、これらと異なり、元々は日展に出品された作品である。昭和七年卒業生により、戦歿塾生塾員の霊を慰める記念碑にはこの像がふさわしいと、朝倉の協力を得て寄贈されたのであった。

その台石には、次の言葉が刻まれている。

「丘の上の平和なる日々に
征きて還らぬ人々を思ふ
小泉信三　識」

その除幕式は、義塾創立百年を翌年に控えた昭和三十二年十二月一日の日曜日に行われた。

この日の情景を当時の『三田評論』が伝えている。それによれば、卒業生代表の式辞の後、ワグネル・ソサイエティー合唱団が歌う荘重な鎮魂祭ミサが流れる中、紅白の幕が落とされ、青年像が現れた。

その日は晴天で、「丘の上からは遠く品川沖や銀座方面もよく眺められた」というが、幕が落とされるや、台石の蔭から数十羽の鳩が、「像をめぐって翔いあがり、平和の光、さんさんとふりそそぐかと思われた」という。

塾長奥井復太郎の謝辞に続いて、元塾長小泉信三が次の主旨の挨拶を述べた。

「このたび台石に何か言葉を書くようにと依頼されたとき、自分はその任でないと断ったが、考えてみれば、この三田山上から学徒が出陣したのは、私の塾長時代であったので、思いかえしてこの拙い言葉を刻ませてもらった。」

◉「平和来」除幕式　左より小泉、朝倉文夫、奥井復太郎塾長
［慶應義塾福澤研究センター蔵］

そして最後に、一同で塾歌を斉唱したのであった。

征きて還らぬ人々

小泉は、戦時中塾長として、多くの塾生を戦地に送り出した。それだけに、征きて還ることの出来なかった塾生へ深い感慨があった。

空襲の大火傷による入院から退院すると、三田のキャンパスからほど近いところで戦後の生活を始めた。療養していた二階の部屋からは品川の海までがよく見えたという。敗戦後の最初の冬の情景の記憶を次のように記している。

「あの冬は、どういう加減だったか、海の上の空を、日々、おびただしい鳥の大群が飛んで過ぎた。私はその時、慶應の塾長をしていたが、慶應を卒業し、または在学のまま、多くの青年が戦争に出て死んだ。多くの人を失ったその後で、遠くから来て、遠くへ飛び去る鳥の群れを見る気持は言い現しがたいものであった。」

これは「終戦十年」という随筆の一節である。つまりその情景は、小泉にとって時間が経っても薄れることのない切なるものであった。

小泉には、元々、戦歿者の追悼について考えがあった。

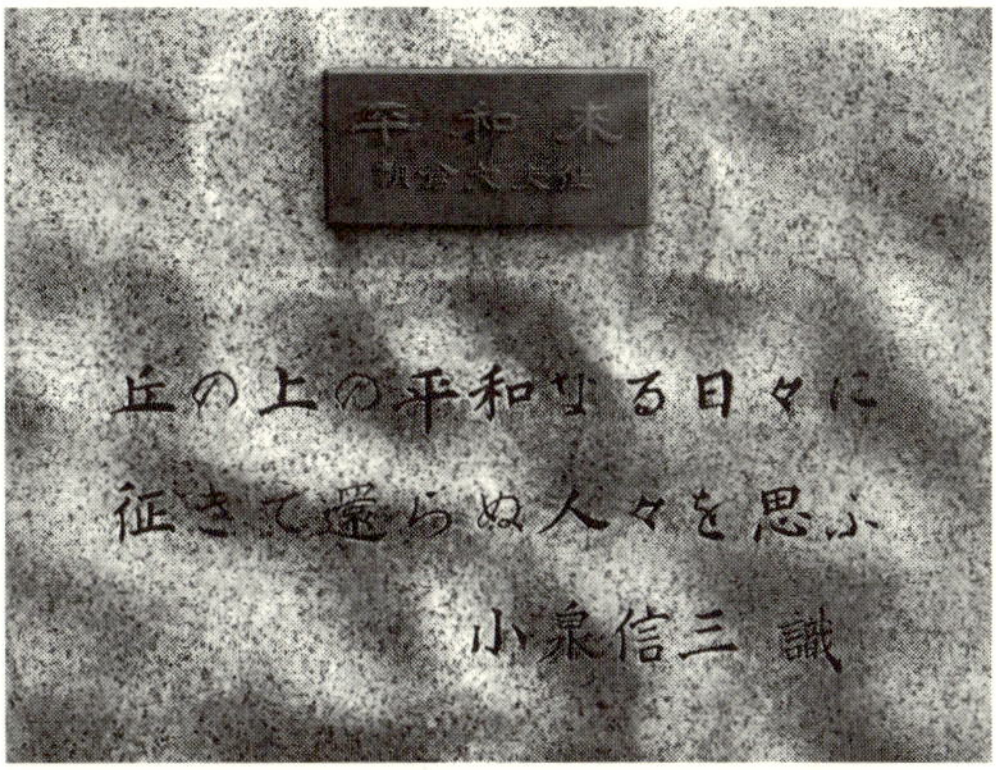

◉「平和来」碑文

昭和十一年、ハーバード大学創立三百年式典出席と米国の大学事情視察の為に渡米した。その際に、深く感銘を受けたのが、感謝祭が行われたハーバード大学内の教会であった。世界戦争に出征して戦死した同窓を記念する為のもので、それに附属して、戦死者の名前を刻んだ記念堂もあった。小泉は、大いに学ぶべきことであると感動して暫くそこに佇んだという。

　そして、十三年、塾員に戦歿者が出ると、「我々が彼らに対して感謝する途は今日ではもはや唯一つしか残されていない。ただ我々は彼等を忘れないということこれのみであります」と述べ、ハーバード大学のように、氏名を刻んで永久に残す方策を具体化したいと語った。しかし、時局は悪化の一途を辿り、計画の実現は叶わなかった。

　戦後になって、その意を生かそうとしたのが、昭和七年卒業の塾員有志であった。昭和三十二年三月の三田山上での卒業式に、卒業二十五年で招待を受けた彼等は、そのことに感激して、その返礼として、恩師を招いての謝恩会を開くだけでなく、小泉の願った慰霊の為の碑の実現を企てたのであった。しかし、当時の三田山上は大講堂も焼失し、名前を刻んだ板を飾るに適した場所もない。しかも、「戦死者の名前を集めるにしても、遺漏があってはゆかぬというようなことから」記念像の建立に落ち着いたという。

　除幕式における卒業生代表の式辞が残っている。慰霊の念の強さがよくわかるので一部を紹介したい。

「聞くところによりますと欧米各国の著名なる大学には出身戦歿者の霊を慰さむる記念像等が校内に数多く安置されて居ると言う事であります。これに倣った訳ではありませんが、吾々一同は、同期生諸君の圧倒的支持を受け塾出身戦歿者の慰霊記念像建設を画し唯今茲にその目的達成を見たのであります。

諸兄諸君よ。貴君方は勇躍国難に赴き不幸にも身命を犠牲にされたのであります。私達は声を大にして云う。私達は前途有為なる諸賢を失いし事を心から悲しむ。然しながら御霊よ！　若し仮に此の現世《うつしよ》にありとせば、此度三田山上に来り遊び給え。更に願くばこの像を巡りて若き日の喜びと感激を追想し遥かなる昔を偲びて暫し心の安らぎを得られん事を。唯々私達は心から諸賢の冥福を祈るものであります。」

卒業二十五年の塾員招待

今日では、卒業二十五年と五十年の塾員招待は義塾の恒例となったが、それは、昭和二十八年三月の卒業式まで遡ることができる。

その経緯を当時の『三田評論』が次のように説明している。

「卒業年度を二十五年と五十年とに決めたのは別に深い理由はない。ただ銀婚式や金婚式の場合と同様、世間の普通の考え方に従ったまでである。卒業後満二十五年といえば、働きざかりの年代であり、また五十年は卒業以来半世紀を経て年齢は古希を越え、ますます祝福さるべき年代である。（中略）招待の日を卒業式に選んだのは、塾員諸氏に嘗ての若き日の卒業式を追想し、かつ新しく門出に立つ若き卒業生を激励して頂きたい趣旨からである。」

その一回目の招待では、住所が判明している者、卒業二十五年（昭和三年卒業）七八四名、五十年以上三〇五名に招待状が送られ、それぞれ九十八名、十二名が出席した。

当時は、三田の大講堂は焼け落ち、日吉の記念館も未だ無かったので、卒業式は三田山上の野外の広場で行われた。招待塾員はこれに列席後、学生ホール（山食）での午餐会に招かれ、往時を偲んだのであった。

昭和三年卒業の塾員は、一回目の招待に当たったことに感激し、招待への返礼も兼ね、時期を改めて同年十一月に、全学部連合の三田会を十一月に三田山上と綱町の三井倶楽部で開催した。しかも、それを次の年に引き継ごうという意図もあったのである。

即ち、その際の三田会から会員への案内状には、「各部夫々の懐しい先生方にも御同席願い……全学部昭和参年三田会を山上に開催いたし更に之を明年の廿五年目に当る昭和四年度卒業生に引き継ぐ事といたします」とあるのである。

因みに、昭和七年卒業の塾員達の三田会は、謝恩会として「平和来」の除幕式に引き続いて白金台の八芳園で開かれた。塾長、常任理事、各学部長等の来賓、そして、恩師の教授諸氏が招かれていた。

今日でも、卒業二十五年の塾員は、卒業式に列席後、引き続き、学生食堂での立食の「塾員招待会」にも招かれる。そしてその前後の大同窓会も恒例となり、規模も大きくなった。招待に際して、その返礼として募金活動も行い、近年では家計急変・経済困窮塾生への奨学金として義塾に寄付されている。招待された塾員の塾生を思う気持ちは今も昔も変わらない。「平和来」はその原点でもある。

◉「平和来」と図書館旧館

もう一つの記念碑

三田山上には、もう一つ、戦歿者を追悼する記念碑がある。「平和来」と向き合うようにある「還らざる学友の碑」である。碑文は、当時の鳥居泰彦塾長によるもので、平成十年十一月に慶應義塾として建立したものである。

その後、建築のはじまった東館も平成十二年四月には竣工し、それに伴って、出陣学徒が三田山上から見送られた東門の情景は失われることになった。その情景そのものが戦歿塾生塾員の気持ちを偲ぶ空間でもあったことを考えると、「還らざる学友の碑」は、時代の節目を感じさせるものでもあった。

福澤研究センターによる「慶應義塾と戦争」アーカイブ・プロジェクトが譲り受けた戦歿塾生の遺品に触れる度に、これらの記念碑の重みを改めて思うのである。

〔山内慶太〕

綱町グラウンド（上）

三田綱町

現在の三田二丁目は、かつて「三田綱町」と呼ばれ、現在でもビルなどの名に「綱町」の名が残っている。源頼光の四天王の一人で、大江山の酒呑童子《しゅてんどうじ》退治で有名な平安時代の武将、渡辺綱《わたなべのつな》生誕の地との伝説に由来するもので、周辺には、「綱坂《つなざか》」、「綱の手引き坂」などがある。江戸後期、女子高から中等部の敷地だけでなく、東は三井倶楽部の南半分を含んで古川の河岸まで、西は綱町グラウンドを含んで綱坂までの綱町一帯は、陸奥会津藩松平肥後守二十三万石の下屋敷であった。

明治新政府の発足に伴い、それまで諸国の大名が持っていた上屋敷、中屋敷、下屋敷の三つの内一つを残してあとは上地させる旨の取決めがなされ、多くの大名屋敷が華族や軍人、官吏、実業家に払い下げられた。会津藩下屋敷も、徳川伯爵家（旧御三卿）や鍋島子爵家（旧肥前鹿島藩）、蜂須賀侯爵家（旧徳島藩）などの邸宅となった。

綱町グラウンド購入

福澤諭吉の「先づ獣身を成して後に人心を養ふ」（『福翁百話』）の精神から、義塾は、早期から、教育方針の一環として、「体育」、「運動」に重きをおいていた。義塾がまだ新銭座にあった頃から、規則の中で「ジムナスチックの法」を定めて西洋流の体育思想をとり入れ、庭を運動場として、そこにシーソー・ブランコ等の運動施設を整えていた。三田に移転後も、福澤が自ら乗馬、居合、米つき、散歩等をおこない、絶えず運動を怠らぬばかりか、塾生にもさかんに運動をすすめて、さまざまな運動施設を備えつけたのである。

そのための施設として、初め三田山上の稲荷山北側の広

◉綱坂

場（現在大学院棟のある辺り）が運動場としてあてられていた。しかし、明治二十（一八八七）年代以降、あいついで行われた校舎の増築のため手狭となり、新たな運動場の設置が望まれるようになった。

一方、学生野球はそれまで一高が全盛を誇っていたが、塾野球部が台頭し始めていた。塾出身の名取和作が経済学専攻のためにアメリカに行った際、すっかり野球通になって帰ってきた。当時のアメリカはメジャーリーグの過渡期で、大学チームの旺盛時代であった。名取が明治三十五（一九〇二）年に帰国すると、大学教授となるとともに野球部長になった。名取は、塾生に新しい戦法だけでなく、メジャーリーグやアメリカの学生生活を語り、塾生もそれに感化された。

そして一つの問題点としてグラウンドの整備があげられたのであった。話題になったのは、アメリカやドイツの各大学が持つスタジアムの荘厳さである。大学の教室が智の殿堂であるならば、グラウンドは武の道場である。智育体育の並立がやがて完全なる一個の人格を築くということから、義塾は単に教室の美を飾るばかりでなく、運動場も共に広めねばならぬといったことが高唱された。体育会関係者はこの好機とばかり運動し、宣伝に努めた。神戸寅次郎、気賀勘重、川合貞一の各教授までが足並みを揃えた。慶應義塾評議員会では教場増設や実業学校の新設と共に運動場を拡張するか、新運動場を別の場所に開拓するかを議論した。

そして満場一致で新運動場を設けることとなり、稲荷山のグラウンド跡へは教場を増設することになった。しかし当時の義塾にとって、それは容易ならぬ大事業であった。福澤への恩賜金五万円を義塾へ寄附し、更に福澤の没後基本金の募集をして、それらを合わせて三十八万円を用意したが、諸経費に半分は消えて行き、尚義塾の経費は年々一万五、六千円の不足であったので、これを如何にして補塡して行くかについて大問題となっていた折であった。

苦しい予算から新運動場購入の費用を捻出させることに定まると共に、その候補地を探したが、なるべく学校の隣接地という条件だとなかなか見つからなかった。その時、義塾のすぐ西側の三田綱町に居を構えていた侯爵蜂須賀茂《もち》韶《あき》が、その所有地の一部、庭園裏にある森、三千八百七十四坪余り（約一万二千八百平方メートル）を分割して売却しようとしていたため、渡りに舟とばかりに明治三十六（一九〇三）年十二月、急遽、塾長鎌田栄吉名義にて坪七円で買い受け、これを義塾の運動場とした。これが現在の綱町グラウンドである。二百年余り斧鉞《ふえつ》を入れたことのない小丘は次第に樹木が伐られ、土地を均されて明るくなっていった。ダイヤモンドは、掘り返された部分に土砂が半々に入れられた上に設けられた。

その後、大正三（一九一四）年に義塾の名義になり、同七年に四百三十七坪（千四百四十二平方メートル）、同十三年に二百二十五坪（約七百四十平方メートル）を買い足して、現在の広さになった。運動施設も、明治三十七（一九〇四）年には、柔道・剣道・弓術の各道場と兵器室が、翌三十八年には、フットボール控室が建設された。現在の敷地面積は、約四千二百坪（約一万三千八百六十平方メートル）となっている。

グラウンド入口正面にあった道場は、一一九畳の広さを誇る柔道場を有する文化財的価値をもつ柔・剣道場であった。しかし、建築後八十年を越え、年とともに老朽化が進んだため、平成五（一九九三）年一月、体育会創立百周年記念事業の一環として、一階に柔道場と剣道場、二階に弓道場を持つ鉄筋コンクリートの新道場として改築された。

●蜂須賀茂韶（国立国会図書館蔵）

蜂須賀家のお家事情

蜂須賀家は、なぜ敷地の土地売却を考えていたのであろうか。当時の当主茂韶は、弘化三（一八四六）年に阿波国徳島藩の第十三代藩主蜂須賀斉裕《なりひろ》の次男として生まれた。慶応四（一八六八）年一月、父の急死により家督を継ぎ、明治二（一八六九）年、版籍奉還にともない徳島藩知事となった。

明治五年、茂韶はイギリスに留学し、帰国後は、大蔵省関税局長、参事院議官、元老院議官、東京府知事、貴族院議長、文相、枢密顧問官などを歴任した。同十七年、侯爵となり、華族資産の有効活用を主張して、同二十二年、公爵三條実美《さねとみ》らと共同し、北海道雨龍《うりゅう》平野（現雨竜郡雨竜町）で政府から土地の貸し付けを受けて、アメリカ式の大規模牧場である「華族組合雨龍農場」の経営を始めたが、三條の死と労働力不足などから一旦中絶を余儀なくされた。茂韶は、同二十六年三月、華族組合雨龍農場を解散し、新たに単独で「蜂須賀農場」を設立させた。小作経営に変更する一方、私費を投じて灌漑用水工事を行い、雨龍開拓の基礎を築き再興させたのである。こうした牧場開発の資金源を得るため、蜂須賀家では、綱町の敷地の売却を画策していたのである。

農場は、本州から入植者を募集して小作人が年々増加し、大正期には九百戸を超えた。その後、茂韶、正韶《まさあき》、正と三代にわたり支配された農場の収入は村の予算を超え、行政へも強い影響力を持ち「御農場」と呼ばれた。しかし、同時に小作料をめぐる問題も次第に表面化し、争議が頻発した。昭和二十二（一九四七）年、農地解放により蜂須賀農場は解散した。明治二十七年に農場の場長住宅として建設された建物が、保存改修され、現在は雨竜町開拓記念館となっている。

早慶戦百周年記念碑

早慶戦百周年記念を記念し、第一回早慶戦からちょうど百年目の平成十五（二〇〇三）年十一月二十一日に除幕された。除幕式では早稲田からの挑戦状と、慶應からの返書の交換が再現され、諸先輩への黙禱も捧げられた。

明治二十一（一八八八）年、慶應義塾大学体育会野球部の前身である三田ベースボール倶楽部が誕生し、遅れること十三年、同三十四年に早稲田大学野球部が誕生する。そして、同三十六年十一月五日に早稲田から、「（早稲田の）選手

◉早慶戦百周年記念碑

◉綱町グラウンドでの早慶戦［慶應義塾福澤研究センター蔵］

皆幼稚を免れず候に就ては近日之中御教示にあづかり以て大に学ぶ所あらば素志此上も無之候」との正式の挑戦状が送達され、それに対して義塾も、「貴校と当校とは是非共マッチを致す可き者」と応答したことから、十一月二十一日に綱町グラウンドで記念すべき初めての試合が開催されることが決まった。

試合当日の天気は快晴。早稲田の選手たちは朝から下駄を鳴らしながら戸塚村（現在の早稲田）を出発、三田までの約十三キロの道を歩いて来たという。

『時事新報』の記事では、「慶應義塾対早稲田大学野球試合は昨日午後一時より綱町蜂須賀侯爵邸内運動場に於て催されたるが、初対面のこととて勝敗何れとも予想されず、殊に慶應の方には宮原、時任なんといふ所謂東海道武者修業連あり、早稲田の方には往年神戸にて外人と戦いて名を博せし泉谷、また第一高等学校を破りたる橋戸等の剛の者あるを以て各選手の意気ごみは云ふまでもなく、実に満都野球界の注目して私立学校の模範試合となす所なりし。さればにや、各学校よりの見物人約数千人と註せられ非常なる盛会なりしが」云々と紹介された程、注目された初対決となった。

約三千人の観衆を集め、午後一時三十分試合開始。審判は一高選手の黒田昌恵。慶應櫻井彌一郎、早稲田河野安通志の両エースの投げ合いで始まった試合は、慶應十七安打、早稲田十三安打という、試合時間一時間五十七分に亙る大接戦の末、十一対九で義塾が早稲田を制した。好勝負になったことと意外に人気を集めたことから、両チームは翌年より春と秋に一試合ずつ早慶戦を行うことを取り決め、再会を約した。そしてこの一戦を契機に、私学両雄による「早慶戦」はたちまち野球ファンの心をつかみ、社会的な注目を集めることになった。

［大澤輝嘉］

綱町グラウンド（下）

早慶野球戦中断

明治三十九（一九〇六）年十一月、早慶両校の応援団の異様な過熱ぶりに試合続行が不可能となり、以後二十年間、早慶戦は長い中断を余儀なくされてしまう。その経緯を『時事新報』では以下のように記述している。「早大、慶應野球の無期延期　慶應義塾野球部と早稲田大学野球部との競技試合は、第一回は慶應方の勝ち、第二回は早稲田方の勝ちとなり、いよいよ十一日を以って第三回を慶應方運動場《グランド》に開き、両校選手の決勝試合を行うはずなりしかば、当日の状況こそ定めて壮観なるべしと人々も期待し、殊にその所属学校の生徒は、双方とも皆非常なる熱心を以って応援をなす模様にて、両三日来の意気込みを見るに、当日いわゆる応援を因として、いかなる不測の事態を発生するやも測り難き状あり。飽くまでも青年学生の元気を奨励せんとする子弟保護者としての責任上黙止すべからざるをもって、双方の監督、当事者の間にて協議の結果、第三回の決勝試合はいよいよ無期延期の事に決定したりと云う」。早慶野球戦の復活は、六大学野球連盟の発足する大正十四（一九二五）年まで待たなければならなかった。

外国チームとの対戦

このように早慶戦がいったん区切りを迎え、日本球界は俄然寂しいものとなるのであったが、その空白を埋めるかのように、慶應・早稲田の両校は外国チームを招いて試合を行うようになる。明治四十年十月三十一日、塾野球部がハワイからのセミプロの連合チーム「セントルイス」を招いて綱町グラウンドで試合を行った。十一月十九日までに塾野球部は五戦二勝三敗、早稲田は三戦全敗したが、このセントルイス戦が、日本で初めての「有料試合」であった。

「この壮快にして前未曾有なる試合行わるるは、来る三十一日午後一時なれば入場者はその心組にて左の数ヶ所にて売り出せる切符を買い求めるべし。（中略）切符代は一等六〇銭、二等三〇銭、三等一〇銭にして早く買い求めざれば売り切れの恐れあるべし」（『時事新報』明治四十年十月二十八日号）とあるとおり、塾野球部は、セントルイスを招待した費用を得るために、米一升が十六銭であった当時としては高い入場料をとることとなった。一、三塁のスタンドも建設され、グラウンド整備も行われた。この試合は帝都の注目を集め、有料試合にもかかわらず車夫から陸海軍軍人、更には皇族まであらゆる階層の人々がつめかけ、実に一万人もの観客がつめかけたのであった。

◉対セントルイス戦（『慶應義塾野球部百年史』より）

第一試合は延長十三回、五対三で塾野球部の勝利となった。このとき日本の野球は「見せる野球」という新たな局面を迎えたと同時に、スポーツ興行化の第一歩を踏み出す結果となったのである。この「有料試合」のシステムは、翌明治四十一年、早稲田がワシントン州立大チームを招いたときも同様に行われた。

アメリカ大リーグ二チームが初来日

大正二（一九一三）年十二月六日、オフシーズンを利用して、ニューヨーク・ジャイアンツ（紐育巨人軍）とシカゴ・ホワイトソックス（市俄古白靴下軍）合同の世界周遊野球団二十五名が初来日する。当時のジャイアンツ監督はジョン・マグロー、明治三十五（一九〇二）年途中から監督に就任して、昭和七（一九三二）年、病気で引退するまでにリーグ優勝十一回、ワールドチャンピオン三回の名監督で、来日時はリーグ三連覇を成し遂げたばかりの全盛時代であった。当時の日本でも人気は高く、「紐育巨人軍」、「マグロー将軍」

という活字がしばしば新聞に載っている。この両チームはオフシーズンの間にまだ大リーグを見たことのない全米各地の中都市を転戦して費用を集め、合同で世界一周に旅立っていた。訪問先は日本、中国、オーストラリア、エジプト、フランス、イギリスで、最初の訪問国が日本であった。

十二月六日午後二時十分試合開始のこの両チームの綱町グラウンドでの対戦が、日本における初めての大リーグチーム同士の対戦であった。鎌田栄吉塾長が始球式のボールを投げ、結果は九対四でホワイトソックスの勝利。翌七日には、午前十時三十分開始の第一試合で、この両チームの連合軍と塾野球部が対戦している。塾野球部の投手は当時日本一といわれ、この年の九月に来日したワシントン大学チームを被安打四、三振一〇で完封した菅瀬一馬であった。

だが相手が大リーガーのオールスター級ともなるとさすがに勝負にならず、十六対三で完敗している。午後二時十分プレーボールの第二試合で、ジャイアンツとホワイトソックスの再試合が行われ、十二対九でホワイトソックスが連勝している。この第二試合で、ジャイアンツの一塁手フレッド・マークルが、「左翼の垣根を越へて球は芝から麻布まで届いた」(『東京日日新聞』大正二年十二月八日号)古川越えの大ホームランを放ったのも、ここ綱町グラウンドであった。この来日でメジャーの選手から直接コーチを受けた義塾野球部は近代野球の扉を大きく開き、一段と飛躍していくことになった。

塾蹴球部初勝利

日本のラグビーは、明治三十二(一八九九)年に慶應義塾で、英国人教師クラークの指導でチームが生れたのが最初であった。それから十年余りは、日本人のチームが生れなかったので、塾蹴球部は横浜や神戸の外国人チームと試合をしていただけであった。加えて、その実力の差は歴然で、十年近く連敗を繰り返した。

明治四十一年十一月十六日付け朝日新聞には、「慶應大学クラブ創設後初めて勝利。対横浜外人ラグビー試合」として以下のように報じている。「慶大蹴球部選手は十四日三田綱町のグラウンドに横浜外人の蹴球チームを迎えてフットボール試合を挙行したり、(中略)試合は松岡氏のレフエリーにて慶軍より蹴始め直に中央線を突き破りて敵の陣地に突撃し数回のタツチダウンとスクラメーヂを演じて敵を圧迫し激戦廿分の後スリークオーターの飯塚トライをして三点を収めたるもトライ後のキックは成功せず五分を経てスリークオーターの宮沢又もトライを為して三点を得たるが是又キックは不成功に終わりたり、(中略)暫時休憩ハーフタイム後は陣地を交換し両軍ともフリーキック一回宛を演じたる後慶軍はフオアワード柴田のトライにて又も三点を得、最後にスリークオーター竹野奮闘の後トライにて三点を得、キックは成功せずしてタイムとなり十二点対零を以て慶軍の大勝となれり是慶大蹴球部創設後初めての勝利とて歓声わくが如く慶大野球部より寄贈の美麗なる花輪を受け手得々然たり」。

早慶ラグビー戦

大正十一(一九二二)年十一月二十三日には、綱町グラウンドで第一回の早慶ラグビー戦が開催された。その様子は、同二十九日付け『東京朝日』で以下のように報じられている。「早稲田零敗す　全日本ラ式蹴球協会主催第一回早慶対抗戦は、二十三日午後二時半より三田慶應グラウンドに於いて開催されたが、早慶対抗と云うことに感興を引き、試合前に観衆は教室の屋根にもいっぱいであった。二時半、帝大の香山審判(レフェリー)、慶應のキックオフに試合は開始され、練習日浅き早稲田は先輩慶應に対して善戦したが及ばず、まず慶應の大市に美事トライされ、続いてゴールキック成功し五点を得られ、ハーフタイムとなり五分間休憩、三時五分開始、早稲田朝岡等勇猛に奮戦したが、慶應北野三時二十五分まずトライに続いて、宮地二回トライし、三時三十五分タイムとなり、ついに十四対零にて早大惨敗した。この日選手及び観衆極めて紳士的で、早慶野球中止にある皮肉を与えたのは愉快であった」。

明治三十九年の野球戦での応援を巡るトラブル以来、早慶両校のスポーツ交流禁止は、こうしてラグビーによって再開されたのであった。以降、関東大学対抗戦グループに

◉第1回早慶戦のメンバー（『慶應義塾体育会蹴球部百年史』より）

なった現在まで、早慶の定期戦は十一月二十三日に行われている。

初の有料・背番号試合

大正十三年、綱町グラウンドで行われた第三回早慶ラグビー戦は、入場制限のため日本のラグビー試合初の入場券が一枚三十銭で販売されるとともに、国内最初の背番号が採用された。入場料徴収は、第二回の早慶戦でも検討されたが、慶應側の反対論が強く見送りとなっていた。急先鋒は、塾蹴球部の草創期の中心メンバーであった松岡正男。当時京城日報の社長として現在のソウルにいたが、電報で頻繁に反対意見を伝えた。後に初代黒黄会（蹴球部ＯＢ会）会長になった田辺九万三が、この時関西から高熱をおして夜行列車で上京、反対する現役の選手達を「先輩の多い慶應としては入場料をとらなくても試合が出来るが、他の新しいチームは財政的に困るだろう。使途の正しい入場料なら問題ないではないか」と説得し、初の有料試合を実現させた。

試合当日、グラウンドには五千人のファンが詰めかけ満員となった。試合の収支計算書によると、入場券三千五百八十五枚が販売され、収入は、千七十五円五十銭、経費を差し引いた後、八百十一円九十五銭を早稲田、慶應、そしてこの年に関東地区のラグビー統括機関として発足した関東ラグビー蹴球協会で三分された。

一方の背番号については、ラグビーの本国イギリスで、国際試合に選手のナンバリングが採用されたのは、大正九〜十（一九二〇〜二一）年のシーズンからなので、同十三年の早慶戦で背番号が採用されたのは、かなり早い対応だといえる。

［大澤輝嘉］

◉現在の綱町グラウンド

関東大震災とキャンパス

三田・四谷の被害と復興

大正十二（一九二三）年九月一日午前十一時五十八分三十二秒に起こった関東大震災では、三田山上や既に創立されていた四谷の医学部、病院などの義塾施設も被害を被った。しかしこのことで、いくつかの貴重な史跡や制度が現在まで受け継がれるきっかけが作られたのである。

三田山上の被災状況と被災者受け入れ

東京市内の約六割が灰燼と化したにもかかわらず、義塾の各施設は火災を免れたため、その意味では幸いにも被害も軽かったが、三田山上の建物は諸方で損壊の憂き目を見た。

まず、大講堂は前面の煉瓦に亀裂が生じ、内部にも多少の亀裂を生じた。これは、前面の煉瓦の積み直しで修復できると分かった。煉瓦造りの塾監局は、その建造年代も明

◉被災した塾監局［慶應義塾福澤研究センター蔵］

治十九年と古く、そのため前面に大亀裂が生じ、屋根瓦も全て壊れ落ち、建て直しをする必要が生じた。

義塾創立五〇周年を記念して建てられた図書館は、八角塔と本屋との間に亀裂が生じ、塔上半部を取り壊して積み直す必要があり、玄関突き当たり階段左側の壁面に大亀裂が生じた。また、書庫の棚にあった書籍はことごとく床に散乱し、八角塔楼上に安置してあった福澤先生還暦記念の灯台の置物（大熊氏広作製）が損壊した。

加えて、震災の翌十三年一月十五日に余震とみられる強い地震があり、塾監局一階南廊下の天井が崩落し、図書館八角塔の亀裂も深まり、ステンドグラスも破損した。

これらの被害を当時の金額で見積もると、図書館十二万円、大講堂六万円、塾監局七万七千円など総計三十二万円に上った。教職員の死者は一名もいなかったが、負傷、家屋の損壊、家族を失った者など、被災者は七〇余名に上った。学生では死者数名を含む二一七九名の罹災者を出した。

火災を免れた三田山上には、罹災民が続々と集まったため、義塾では彼らを収容するために各木造校舎の一階を開放した。教務係室を以て避難者救済事務所とし、夜警係、受付係、食料その他世話係を定めて全職員を配置した。

また出動軍隊、文部省、時事新報社などにも施設を開放した。三田の義塾構内に収容された罹災者は八〇〇名近くに上った。

◉図書館書庫［慶應義塾福澤研究センター蔵］

復興事業と塾債

大震災により、教職員および学生にも多くの罹災者を出し、罹災者収容のため校舎を開放したことで、当分の間授業を行うことは不可能な状況にあった。従って義塾では当分休校とし、その旨を東京、大阪の各新聞に広告を出した。

九月十三日付の『時事新報』には、「三田本塾は今回の震災に対し、幸に大破損なかりしも、当分の内授業を休止し一般秩序の恢復を俟ち、授業開始の日取りを定め、更に広告可致。四谷医学部は被害程度軽微に付、来る十七日より授業再開可致候」とある。一方市内の秩序も復し、塾内に臨時に設置されていた諸事務所や駐在部隊も引き上げていった。そして、九月十五日に各学部長、各部主任会議を開いて協議の結果、大学および専門部は十月八日から、普通部、幼稚舎、商工学校は十月一日から、それぞれ授業を再開することとした。それに合わせて九月三十日を以て避難者救護事務を結了した。

授業は再開されたものの、特に地方出身の塾生は、下宿を得ることが困難であり、上京できない者も多く、また、教科書、辞書などを消失した者も相当数に達したので、大学学生有志は震災善後会を組織し、罹災者の調査、宿所の紹介斡旋、焼失教科書の融通、慰問金の贈呈などを行った。

翌十三年から始まる復興事業についての資金調達として、十二年十一月に、一口五十円、一カ年間無利息で年五分利子付きの塾債を発行した。七年間据え置きで、十年で返済と設定された、義塾が出した債券の最初であった。目標額を三十万円として広く塾員の間にこれを発表したところ、応募は八五一六口、振込金額は四十一万六千二百七十五円に達した。償還を求めずそのまま寄付する応募者もいたが、一方で、利息の支払いと返済には予期せぬ齟齬もあったらしい。

その後、戦災復興と新学制実施に伴う施設整備のために、

◉修繕された大講堂［慶應義塾福澤研究センター蔵］

昭和二十四年には六千円の一度目の塾債が発行され、同二十六年にも日吉校舎の設備復興や女子校、普通部校舎の新築費などを賄うため四千円の塾債が追加発行された。更に、学費改訂を巡る大学紛争が勃発した昭和四十年からは、在学中の生徒、学生の保護者から一口十万円で無利息の塾債が募集されはじめ、卒業時に償還される仕組みになっている。当初は応募を入学の条件とする案であったが、学生の反対を受けて応募は任意とすることになった。こうして、義塾の危機を救ってきた塾債の金融運用収益が、現在も義

塾の経営の一部を支えているという訳である。

大講堂修繕とユニコン像

竹中工務店が請負って、八月に始まった大講堂修繕にあたっては、最も損害の甚だしい玄関と階段室を中心に大幅な改装が施され、普通の煉瓦積みであった正面を、鉄筋コンクリート煉瓦張りに改め、玄関アーチは二階まで吹き抜け、同時に三階バルコニーに一対のユニコン像が設置され、総工費六万四千円で翌十四年一月下旬に完成した。ユニコンは、一見グロテスクながら案外愛嬌のある姿で塾生、教職員に親しまれたというが、その来歴や設置に至る経緯は今もって謎である。

塾監局の新築と演説館の移転

続いて十四年九月、煉瓦造りの旧塾監局を取り払った跡に、新塾監局の建築が開始され、総工費約二十二万円で、翌九月に竣工した。曽禰達蔵・中條精一郎設計の鉄筋コンクリート地下一階、地上三階で、延べ七百四十坪余りのゴシック風の豪壮な姿が、今現在も三田山上の一景観となっている。

◉稲荷山に移転された演説館［慶應義塾福澤研究センター蔵］

この新塾監局建設のため、旧塾監局の北側に、図書館に挟まれる形で建っていた演説館は、三田構内南西隅に位置する高台の稲荷山に解体移築された。移転工事は十三年七月八日に着工し、九月三十日に竣工したが、この年はあたかも演説館開館五十周年に当たるので、工事に先立ち五月三十日に三田演説会および慶應義塾弁論部主催、時事新報社後援のもとに盛大な記念講演会を催した。この移転には、記念すべき建物を火災などの危険から守ろうという意図もあったが、そのため太平洋戦争による空襲では、三田山上に大被害があったにもかかわらず、土台すれすれに爆弾を受けながらも奇跡的に破損を免れたのである。

図書館は、総工費約二十四万七千円をかけて、昭和二年一月から増修復工事が始まった。補強に鉄筋を入れる修繕だけでなく、書庫を一棟西側に増築して、翌三年八月に竣工した。

四谷―医学部・病院の被災状況と医療活動

大正八年に竣工したばかりであった四谷のキャンパスは、医学部教室、病院ともに、幸いにして被害は少なく、屋根瓦および壁に若干の被害を受けた程度で、特に入院患者には一名の被害者も出さなかった。医学部は、震災当日から病院表門内に救護室を設け、各教室を開放して、傷病者の救護手当に当たった。別に診察部階上、平面講堂および東校舎病理細菌学教室に臨時病室を設け傷病者の収容に供した。

一方、臨時救護班三班を組織して市内各所に派出し、積極的な活動を行った。震災当日から九月三日までに、芝区愛宕下町（現新橋三丁目～六丁目）、麴町区（現千代田区紀尾井町）の清水谷公園、東京駅前、上野公園、小石川区（現文京区小石川三丁目）の伝通院などで救護活動に従事した。義塾大学病院の処置を受けた患者は、罹災傷病者は無料、一般患者のそれは料金半額で、病院内外併せて五千数百名に達したという。この間、実業家で後に衆議院議員になった塾員、久原房之助が自家用自動車を提供して、救護班往来の便宜を図った。

九月三十日午後には皇后陛下が来院し、北里柴三郎病院長から罹災傷病者救護に関する状況の説明を受け、院長の先導で「に号病棟」、「ほ号病棟」などの入院患者をお見舞いになった。

［大澤輝嘉］

独立自尊時計塔と旧制四学校記念碑

実業教育の必要性を唱えた福澤諭吉の思想は、明治〜昭和初期にかけての慶應義塾で継承され、かつては大学付属医学専門部、獣医畜産専門学校、商工学校、商業学校、工業学校、高等部などの実業学校や専門学校が存在した。しかし、第二次世界大戦下の法改正や戦後の新制度により、これらの諸学校は廃止されてしまう。「慶應義塾旧制四学校記念碑」と、「独立自尊時計塔」、そして三田山上にあった諸学校ゆかりの建造物を紹介する。

商業学校

明治二十四(一八九一)年五月に、当時の塾長小幡篤次郎の発案で商業夜学校として創立された。商家の徒弟や商業に志す者で昼間修学できない者のために、夜間授業を行い短期間で必要な学科を学ばせようという目的を持っていた。当初は一年制で年齢の如何を問わず入学を許可し、同三十年九月から二年制となり、また別に随意科、専修科を、後には選科も設けて珠算、商業英語などを指導した。

昭和五(一九三〇)年四月から「実業学校令ならびに商業学校規程」による商業学校の設立認可を得て、修業年限を二

◉慶應義塾旧制四学校記念碑

カ年から四カ年に変更し、高等小学校卒業または同程度の者を選抜して入学させる課程を本科と称し、選科では、中学卒業または同程度の者に従来どおり珠算、商業英語などを学習させた。同八年からは修業年限五カ年の商業学校に再編成し、それを修業六カ月の選科に対して本科と称し、尋常小学校卒業の者を入学させることとした。本科卒業生中、成績優秀な者は推薦により無試験で後述の高等部や大学部に進学する制度もあった。

商工学校

明治三十七（一九〇四）年、「商工双翼の脈絡となり実務に当りて滞りなく立働くべき人材の養成」（『慶應義塾学報』第七十三号）に応ずる目的で設置認可を得たが、日露戦争の勃発で一年後の同三十八年四月に第一回の生徒を募集し、授業を開始した。修業は四カ年で高等小学校および中学二年修了程度の者を入学させ、同四十二年度からは、修業年限二カ年の予科を設けて尋常小学校卒業の者を入学させることとし、さらに大正九（一九二〇）年度以降は本科を三カ年に短縮し、卒業生は新たに発足した大学令による義塾の大学経済学部、法学部予科第一学年に無試験で入学できることになった。

◉商工学校校舎［慶應義塾福澤研究センター蔵］

開校当初は校舎の設備もなく普通部校舎の一部を使用していたが、間もなく建坪二五〇坪の木造校舎が完成し、続いて明治三十九年十月、地下室付き三階建ての木造校舎が竣工した。この校舎は実験室、商業実地演習室などを備えた特殊なもので、一部を大学部や普通部でも使用した。

独立自尊時計塔と商工桜

商工学校校舎は、稲荷山の東側、現在の南門広場近くに

●独立自尊時計塔

あった。演説館脇の正門を見下ろす場所に、商工学校開校七十周年を記念して昭和五十年十一月に商工同窓会が建てた、谷口吉郎設計の「独立自尊記念時計塔」がある。時計のすぐ下に福澤諭吉の筆跡で「独立自尊」と彫られていることからこの名称で呼ばれている。時計塔の脇には平成十七年十一月に開校百年を記念して植樹された「商工桜」が三田の春に彩りを添えている。

商業・商工の募集停止と工業学校開校

戦局が悪化し始めた昭和十八（一九四三）年十月、「教育に関する戦時非常措置方策」によって、男子商業学校は「工業学校、農業学校、女子商業学校に転換するものを除き之を整理縮小す」ることになった。商業学校、商工学校は学校存続のため、同十九年度から生徒募集を停止し、商業学校は工業学校の夜間部、商工学校は工業学校の昼間部に転換された。修業年限は昼夜共に四カ年で、入学資格は、昼間部は国民学校初等科修了程度、夜間部は国民学校高等科修了程度、機械科・電気科・電気通信科・建築科の四学科が設置された。

同十九年八月、藤原工業大学が義塾の工学部となった際、同大学に付置されていた同十八年四月開校の夜間部の工業学校が慶應義塾日吉工業学校と改称されたので、校名を区別するため、慶應義塾三田工業学校と改称した。そのまま両工業学校は同二十年八月の終戦を迎えたが、日吉工業学校は同年四月の空襲で施設を焼失し、生徒はやむなく三田工業学校に収容されていた。そこで、十月には両校を合併し、校名を再び慶應義塾工業学校と改称し、戦災を免れた三田の校舎でかろうじて授業を続けた。

高等部

大正十一（一九二二）年に専門学校令に基づいて、予科一年、本科三年の専門部として発足した。その教育内容は特定の専門教育を行わず、一般高等普通教育を授けることを目的としていた。しかし、その教育機関の名称が専門部では、世上に誤解を招きやすいとの理由で、同十四年二月に高等部と改称した。昭和六(一九三一)年、予科を廃して修業年限を三年に短縮し、一貫教育を標榜する義塾内にあって完成教育を実践する専門学校として、ユニークな存在であった。

昭和十九(一九四四)年に、前記の戦時非常措置方策に基づいて生徒募集を停止し、在校生の卒業を待って同二十年三月に廃校された。創立以来の卒業生は四千四百十九名に達した。

商業・商工・工業の廃校

第二次世界大戦後の昭和二十一年四月、商業学校、商工学校は共に生徒募集を再開した。工業学校も昼間・夜間ともに生徒募集を行った。この一年間は戦時下の特別措置が解除され、戦後唯一ほぼ旧制度での教育がなされた年度であった。しかしこれが各学校の在学生に不幸な結果を呼ぶのであった。同二十一年度、商業学校は新たに入学した一年生と四年生が、商工学校は新入学の一年と補欠募集による三年を含んで二年生を除く一～五の四学年が、工業学校は昼間部の一～三年と夜間部の一～四年が、それぞれ在校する状況であった。

しかし、同二十二年度からの六・三・三の新制度により、中学校では実業教育も夜間教育も許されなくなってしまい、三校とも生徒募集を再び停止し、廃校への道を進むことになる。商業学校生徒は同二十三年三月に、四年修了の卒業生と二年修了をもって他校に転校させられた生徒によって在校生を失い、事実上五十八年の歴史に幕を閉じ、翌二十四年に正式な廃校の手続きが成された。卒業生総数は正科五千七百四十四名、本科千八百八十二名、これに選科その他の卒業生を合わせると一万四百九名に及んだ。

工業学校は昼間部の四年は四年修了卒業で大学予科あるいは新制の高等学校二年に進学し、夜間部の四年生は卒業し実社会へ進んだ。さらに昼間部の二、三年は「工業学校併設中学」生として新制中学の教育を受けた。夜間部には併設中学が設けられないため、その二、三年は全員他校へ転校させられた。商工学校は、四、五年生は大学予科あるいは新制の高等学校へ進学し、二年生と二十二年度に新たに補欠募集した三年は「商工学校併設中学校」生として工業の在校生と同様新制中学の課程に移された。

これら二つの併設中学校の教育を引き受けたのが、商工学校を転換して誕生した新制の男女共学校の中等部であった。昭和二十二年度は、三田山上の焼け残った旧高等部の校舎を使って、新中等部一年生と商工併設中学の二、三年が学び、翌二十三年度は三田綱町の焼失した普通部跡地に再建された中等部校舎で、中等部の一、二年と商工併設中学最後の学年三学級、加えて管理を委託された工業併設中学最後の三年二学級が学ぶという状況であった。

さらに、商工併設中学の最後の校長は初代中等部長であった今宮新文学部教授が兼任していたため、生徒の後々のことを考慮して商工学校併設中学校長名ではなく中等部長名で最後の二学年の卒業証書を授与した。工業併設中の最後の校長は新館正国文学部教授であったため、工業学校併設中学校長名の卒業証書が授与された。このような混乱の中、昭和二十四年三月に工業学校は五年、商工学校は四十五年の歴史を併設中学校として終えることになった。

旧制四学校記念碑

平成十三年四月十四日、三田キャンパス新図書館東側の福澤公園で、商業学校、商工学校、工業学校、高等部の功績を称えその名を永く留めるために建立された慶應義塾旧制四学校記念碑の除幕式が行われた。オベリスク型の碑には「気品の泉源、智徳の模範」の文言とともに、四学校の名と存続期間などが碑文として刻まれた。

◉慶應義塾旧制四学校記念碑除幕式にて

式には四学校の卒業生を中心に八十名ほどが出席した。その中には、商業学校および高等部の卒業生でもある故石川忠雄元塾長の姿もあった。義塾の歴史の中で重要な役割を担い、多くの学ぶべき教訓を残した諸先輩の偉業が、金字塔として永く心に留められることとなった。

［大澤輝嘉］

三田通り周辺

慶應義塾が三田に移転したのは明治四（一八七一）年のことである。前年チフスにかかった福澤諭吉は、病後芝新銭座の土地が「何か臭い様に鼻に感じる」ようになり、また塾舎も狭隘になっていたことから、適当な土地を探したのであった。そして、島原藩の中屋敷を見出し、入手に至ったのである。

今でも塾の人達の会話に、「山の上」とか「山をおりる」という言い回しが出てくるように、高台にある。福澤諭吉もこの高台を気に入っていて、『福翁自伝』の中で、「海に面して前にさえぎるものなし、空気清く眺望佳なり」と記している。また、詩人西脇順三郎は、海の眺望だけでなく、稲荷山から白金方向を見ると、白金の高台に聖心女子学院の赤煉瓦が見えてイタリアの風景画をみるようであったと回想している。

一方で、高台の突端にあることで山の下の三田の街との有機的連絡は断ち切られており、「学生街を構成する地理的条件が欠けている」と、都市社会学を専門とし、後に塾長になる奥井復太郎は論文「学生街の社会的考察」で指摘したことがある。

とは言え、確かに、例えば早稲田と比べると学生街の様相は異なるが、多くの塾員の記憶の中に、その時代時代の三田通りをはじめ、三田界隈の情景が残っている。

洋食店とのこめし屋

義塾が移転した当時の三田は、寂寥としており、三田通りには、未だ店も余りなく、その向こうには薩摩原《さつまっぱら》と呼ばれる原っぱが草茫々と広がっていた。

三田通りとは、札の辻から現在の東門（かつての正門、幻の門）を左手に、東京タワーを正面に進み、赤羽橋に至る

◉創立七十五年式典（昭和七年）の時の三田通り［慶應義塾福澤研究センター蔵］

通りのことである。その後、義塾の発展と共に通りも賑やかさを増すようになる。

獅子文六は、普通部生の頃の登校の様子を『ちんちん電車』で次のように記している。

「東京中の電車停留所で、ここ（札の辻）ほど馴染みの深いところはない。国電の田町駅が開通するまでは、慶應義塾に通うために、必ずここで降り、ここで乗った。今のように定期券はなかったが、品川から学生労働者割引時間内に乗って、往復券を買うと、よほど安いものだった。」

「札の辻は慶應義塾の勢力圏で、（略）そこは三田通りのはずれであって、中心は学校の正門前附近だった。豊前屋という洋酒食料品屋や西洋洗濯屋があったが、福澤諭吉の出身地を屋号としたのである。無論文房具店や書店もあったが、塾生の最も出入りしたのは洋食屋で、食道楽加藤、木村屋、東洋軒と三つあった。」

品川、新橋駅間に、田町駅が出来たのは明治四十二年のことで、丁度獅子文六が普通部生の時である。以来、駅からの通学路と共に、学生相手の町も広がって行った。

三田通り界隈で、塾員の回想に出てくるものは、その時代によって、飲食店、書店、質店、ビリヤード、麻雀はじめ多岐に亘るが、明治から昭和の戦前にかけての塾員の三田時代の回想によく出てくるのは、獅子文六が挙げたような洋食店である。

そして、それ以上に、昭和十年代に至るまで広い年代の回想に出て来る飲食店が、「のこめし」、つまり竹の子ご飯屋である。

「山十の筍飯に至りては、真に名物の名に背かぬ美味い物で、幕末以来数十年間継続せる老舗、独特の筍貯蔵法によって、冬期なお新鮮の物を食わせる。（略）いぶせき細長い、奥深い家だ。簡単なる腰掛に恰も電車に乗ったように向い合って坐り乍ら、江戸時代の気分に満ちた筍飯を喰べるのも、又一しおの風雅を覚える。」（東奥逸人著『三田生活』大正四年）

箸箱のような長細い店で、洋食店と違い値段も安い。「気取りやの塾生は時々その前に行って、そびれてしまうことがあるが、心中少なからずこの筍飯に恋慕しているのである」（河原妙二著『慶應気質』大正七年）と親しまれていた。

洋服店と塾スタイル

三田界隈が塾の町であることが感じさせるものとしては、洋服店があった。

今日では、制服を扱う洋服店も少なくなってしまったが、かつては、三田通り沿いに、またその裏手の四国町に多くの洋服店があった。

塾の制服は、他の学校と異なり、詰襟の襟が低く独特のシルエットをもっている。帽子も、角帽は流行らず、いわゆる丸帽が定着した。

塾生も洋服店もそのスタイルに自負があった。かつては、どの洋服店も、裏面に書き込める時間割表や六大学野球の日程表を載せたカードを宣伝代わりに配っていた。偶々入手した戦前のカードを見ると、「廿五年の経験はよく塾スタイルの真髄をつかんでいます」（原洋服店）、「星霜三十年堅実な歴史と塾服装を共に学びました」（中島洋服店）、「渋味の中にも気品を揃えたる三田スタイル」（佐藤洋服店、現在の佐藤繊維）等と記されている。

ちなみに、このような塾独特のスタイルは、形式主義、権威主義を嫌う塾の気風から出て来たものでもあるが、そのような一目でそれとわかる身なりは、随分古くからで、それが同じ学生街でも他とは異なる雰囲気を三田界隈に作って来たようである。

例えば、遡って三田移転当時の回想を見ると、日本橋や浅草辺りまで出かけた時でさえ客待ちの車夫に「三田まで行きましょう」と声をかけられた程であった。それは、帯が兵児帯《へこおび》ではなく角帯であることに加えて、身なりの清潔さにあった。

「毎朝洗濯婆が、十人も御用聞にくる程でした。手織りの粗末なものですが清潔で、どんな貧生でも毎日入浴しないものはない。車屋が直に三田の書生と見る所以である。これらは最も慶應義塾の特色とする所であります。」

（飯田三治「義塾懐旧談」『三田評論』）

また、既に制服制帽が定着していた大正年間に出た『三田生活』には、制服制帽でなくても、散歩姿の時でも「塾生のスタイルは一見して分る」のだと言い、その理由として「服装は一体に小奇麗なのを用い、垢付かぬ程度に於いて瀟洒を貴んでいる。けれども塾生は柔か物を纏うこと稀にて、……決して贅沢を好まぬ」と説明している。

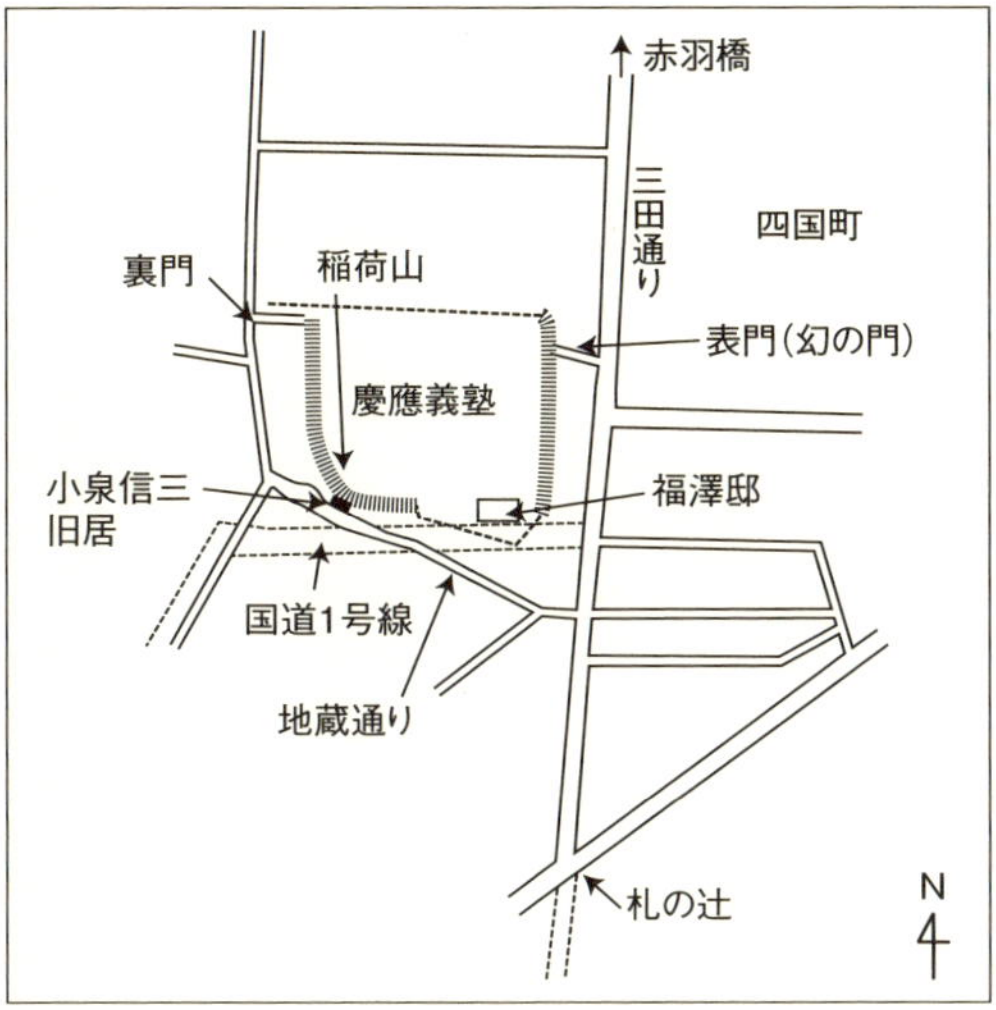

◉昭和 12 年以前の慶應義塾周辺の道路

このような姿勢は、弊衣破帽の学生が闊歩する他の学生街とは異なる三田独特の情景を作るに至った。作家水上瀧太郎は、昭和十一年、時事新報に寄せた随筆でこう書いた。

「（一般の人達の学生は）学生らしくしろの要望の中には、決して学問をしろという事は含んでいない。学生は破帽弊衣を身につけろという要望もあるであろう。（中略）慶應義塾は合理主義、文明主義の福澤先生の流儀を伝え、粗野凶暴の学生を排斥する風があり、（中略）学生ならば、ちっとは脱線しても、乱暴しても構わないという考え方が流行らず、学生も社会人の一人なりとする伝統精神が強いようである。しかし、「学生は学生らしくしろ」という世間大衆の眼には、これが気障に見え、お洒落に見え、弱虫に見えて人気を博さない」

今日では、戦前からの店舗で営業している洋服店は、三田通りから仲通り入って直ぐの佐藤繊維のみであるが、塾スタイルへの自負が今も変らないのは嬉しいことである。

削りとられた山の下

三田通りの景観が大きく変ったのは、昭和十二年のことである。三田通りの途中から今日の塾の正門の前を通って魚籃坂下・白金方面に抜ける幅の広い道路が通ったのであった(現在の国道一号線)。そして、昭和三十三年になって、その道路に面して正門(南門)が出来たことで、塾生の動線も変った。

以前は、塾の敷地の南東の角には福澤諭吉の邸宅があり、崖を下った辺りに、一人乗りの小舟を浮かべられる池や、「ガアデン」と称する鉄棒やブランコの置かれた芝生の庭などがあった。この切り通しの道路は、丁度その部分を大きく削り取って作られたのである。

なお、この道路ができる以前は、塾の南側の道路は、今の三井住友銀行の辺りから斜めに中等部の方に続く通り(地蔵通り)しかなかった。

正門向って左手、今日ラーメン二郎のある辺りの敷地が三角になっているのも、後からできたこの大きな道路のせいなのである。

さて、この斜めに走る昔からの道路に面して、演説館の崖の下、消防署の隣に木造の古い家がある。今日堀越整骨院となっている建物である。これも空襲から焼け残った往時を偲ぶものであるが、実は小泉信三が明治二十八年、十七歳の時から大正元年、二十四歳まで過ごした家である。

小泉信三の父信吉は福澤諭吉の愛弟子であったが、早く没したため、残された家族を心配した福澤諭吉は自分の邸内に呼び寄せ、先に触れたガアデンの脇にあった家に住まわせた。そこから母、姉妹と共に引っ越したのが、今も残る家で、小泉は、

「大体毎朝裏木戸を明けて塾に行き、日が暮れてまたその裏木戸から家に帰るという日々を過ごした」(「わが住居」)という。

三田通りをはじめとする三田の町並みも大きく変貌した。空襲によって、そして周囲のオフィス街化によって、更に、平成に入ってからの道路の拡張等によって、戦前から残っていた店もその多くがなくなった。藤波文具店、天ぷらの岡田家、慶應グッズを取り揃えていた慶應堂、和菓子の青柳、清水書店……という具合である。

しかし、今日でも、例えば六大学野球の優勝パレードでは、赤羽橋から三田通りに入った時の商店街の人たちの出迎えに、わが町に帰って来たと誰もが感じるのである。店は時代と共に入れ替わり、町並みが変わっても、時に往時の町並みとそこで生活したかつての塾生の姿を想像しながら、三田界隈を歩いてみたいものである。

〔山内慶太〕

日吉開設と東横線

本項では、新学期、普通部・高等学校・大学の新入生でにぎわう日吉キャンパス開設の経緯と、塾生の多くが利用する東横線の歴史、そして「西の小林、東の五島」と称された東急の創設者五島慶太と小林一三の関係について紹介する。

東京横浜電鐵

現在の東急グループは、明治文化の先覚者渋沢栄一が提唱した「田園都市づくり」を推進するために大正七(一九一八)年に設立された田園都市株式会社に、一つの起源を求めることができる。街づくりの中心となったのは現在の田園調布と呼ばれている洗足付近だが、当時は交通の便が悪かったため、会社自身が交通機関を設けてこの地域と都心をつなごうと、大正十一(一九二二)年、姉妹会社として目黒蒲田電鉄を設立し、翌十二(一九二三)年に目黒蒲田線の目黒〜丸子間が開通した。

一方、明治四十三(一九一〇)年に設立された武蔵電気鉄道は東京と横浜を結ぶ鉄道の建設を目指していたが、大正十三(一九二四)年、当時取締役であった五島慶太の決断で田園都市株式会社とともに事業を展開することとなり、社名も東京横浜電鉄と改称した。そして丸子多摩川(現多摩川)〜神奈川(現横浜付近)の建設に着工し、同十五(一九二六)年、目黒蒲田線(目蒲線)との接続により神奈川線(目黒〜神奈川間)の営業開始にこぎつけた。

昭和二(一九二七)年、渋谷〜丸子多摩川間が開通。渋谷と神奈川を結ぶ直通ラインの名称を「東横線」とした。東横線の開通とともに沿線開発が活発化し、乗客も急増していった。昭和七(一九三二)年、神奈川〜桜木町間が開通し、東横線は全通となった。また、昭和十(一九三五)年には急行の運行も始まり、業績も次第に上昇していった。戦時中は陸上交通事業調整法に基づき、現在の京浜急行、小田急、京王電気軌道の各社を合併、社名を東京急行電鉄と改め、「大東急」と呼ばれた時期もあった。これは昭和二十三(一九四八)年に各社に分離している。

昭和三十九(一九六四)年、東横線は地下鉄日比谷線との相互直通運転を実施し、都心へのアクセスに一層の利便性を高めた。平成十二年、目蒲線の営団南北線・都営三田線との相互直通運転の開始、および多摩川～武蔵小杉間複々線化に伴い、目蒲線を目黒線(目黒～多摩川～武蔵小杉)と東急多摩川線(多摩川～蒲田)に分割した。さらに、平成十六年横浜高速鉄道みなとみらい線との相互直通運転開始に伴い、横浜～桜木町間を廃止した。平成二十(二〇〇八)年、東急目黒線が目黒―日吉間運転開始。平成二十五(二〇一三)年、東横線は西武池袋線・東武東上線―東京メトロ副都心線と相互直通運転開始。同時に東京メトロ日比谷線との直通運転が廃止された。

日吉駅は、平成三年十一月に改良工事が完成し半地下の二面四線となり、同十一年、「関東の駅百選」に選出された。

日吉の「東急電鐵発祥之地記念碑」

東急電鐵発祥之地碑は、埋立用土砂採取場としての買収地の端緒であり、また日吉台で盛大な開業式典を挙行したことにちなみ、ここを発祥の地と定めて昭和三十一(一九五六)年一月に建立された。碑文は社業発展の功労者であった会長五島慶太によるもので、開発の経緯と碑の由来が以下のように記された。

此の地は東京急行電鐵の前身たる旧東京横浜電鐵の鐵道建設の第一着手として日吉より新丸子に至る水田を埋立

◉「東急電鐵発祥之地記念碑」

てるため大正十四年一月十日土取場として最初に買収した土地である　爾来東京横浜電鐵は幾多の苦難を経つゝ総社員と株主の努力に依って昭和七年三月三十一日澁谷櫻木町間全線を開通すると共に発展に発展を重ねて今日の大東急を形成するに至った　茲に碑を建てこの地を東京急行電鐵発祥の地として永く記念するものである

昭和三十一年一月吉日

五島慶太撰　泉原全榮書

記念碑は日吉駅の北、日吉不動尊南隣に建っていて、東急創立五十周年を記念して昭和四十七(一九七二)年十月に開業した「日吉町東急記念公園」という小公園内にあったが、平成十三年マンション建設による公園の閉鎖に伴って撤去され、同十五年二月に元住吉駅の南西三百メートル、電車車庫の西側の東急電鉄教習所構内(横浜市川崎市中原区木月三丁目)に移設された。碑がこの場所に移された経緯を記す以下の説明板が、記念碑の傍らに建っている。

この「東急電鉄発祥の地」記念碑は、昭和三十一年一月に五島慶太会長発意のもと、東横線着工時の土取場跡(横浜市港北区日吉二丁目二十七番地)に、創業精神を社員に浸透させ、士気を鼓舞する意味から建立された。その精神を受け継ぐとともに、更なる社業の繁栄を祈念し、平成十五年二月ここ東急教習所内に移設するものである。

平成十五年二月五日

東京急行電鉄株式会社

日吉開設

大正末期の義塾は、綱町の普通部校地やグラウンドなどの敷地・建物の拡張によって三田移転当初と比べて土地が一・七倍弱、建物が十二倍以上に増加していた。しかし、学生数も移転時の三百名から一万七百余名へと激増し、かなり手狭な状態となっていた(『慶應義塾百年史』)。

大学予科移転の青写真が塾内で話題に上り始めたのは、関東大震災の被害復旧が一段落を告げた大正末年の頃とみてよい。塾長林毅陸の日記を読むと、大正十五(一九二六)年一月三日の項に「十時過ぎの汽車にて占部君と共に鎌倉に磯村豊太郎君を訪ふ。(中略)郊外に一大敷地を用意することを主として談合したり。先づ予科以下を移すべくなり」とあり、さらに同年八月の『三田評論』には同じく林の筆になる「三田丘上の復旧及び整理」と題する報告のなかで、いま三田の本塾に「最も重大なる問題は敷地其者の余りに狭

◉創設当時の日吉キャンパス(昭和10年頃)[慶應義塾福澤研究センター蔵]

隘であること」で、それを解決するには商工学校を他に移すのも一案だが、それに「優りて更に絶大なる効果を挙げ得べきは、大学予科の移転である」としているのはその間の経緯を語っている。その結果昭和二(一九二七)年十二月には学内に移転に関する委員会が設けられ、続いて翌年五月には評議員会において、この問題の検討と推進のため、評議員から五名、教員から五名、それに主査委員の五名が加わって計十五名からなる委員会が発足し、移転問題は新たな展開をみせたのである。

まず移転先を神奈川県下の然るべき地ということで候補地を物色し始めたところ、たまたま東京横浜電鉄から沿線の神奈川県橘樹《たちばな》郡日吉村の土地約七万坪(二十三万平方メートル)を無償で提供したいとの申し出があった。そこで種々検討の結果、理想的な学園建設のためには、さらに四万七千坪(約十五万五千平方メートル)を加えた敷地を確保したいこと、買収価格は坪五円とし、東横が仲介の労を執ることを申し入れ、最終的には坪七円で昭和五(一九三〇)年二月に合意し、敷地として十一万三千八百五十四坪の所有地と一万七千百五坪の借地を確保し、校舎の建設を含めた経費のすべては募金に頼ることを決め、当時の金で総額四百万円の目標は、社中一致の協力により見事に達成されたのであった。

昭和九（一九三四）年春に開校したキャンパスには、延三千坪（約一万平方メートル）に及ぶ白亜の第一校舎（現高等学校校舎）や陸上競技場に続いて、第二校舎、各種の体育施設や寄宿舎も整備された。

「西の小林、東の五島」

『慶應義塾百年史』によると、義塾と東横の交渉に関して「塾員小林一三は始終好意的に斡旋につとめた」とある。

小林一三は、山梨県の酒造業・絹問屋を営む富商の長男として生まれた。明治六（一八七三）年、十五歳の時に慶應義塾に入学し、寮誌の主筆を務めるなど活躍したが、十八歳頃から学業を嫌い、近松門左衛門の文学に傾倒していった。芝居見物に熱中し、卒業後は小説家になるつもりで都新聞（後の東京新聞）に入社したが夢叶わず、塾の先輩で三井銀行大阪支店長の高橋義雄の推薦で三井銀行東京本店勤務後、箕面有馬電気軌道（後の阪急電鉄）の設立に参加した。都市と都市を結ぶ当時の電車とは全く異なった郊外電車であり、沿線人口も少なく、「あんな所へ電車を走らせたって、乗る者はいない。倒産するのは目に見えている」と陰口を叩かれていたという。ところが、小林は日露戦争終了後から大阪の人口は急増傾向にあり、市内の住人は郊外の住宅地に移らなければならなくなると読み、鉄道事業でありながら住宅・郊外開発に着目して、「沿線を大阪市民の住宅地にし、素晴らしい環境を作り出す」と独自の発想をしたのである。この小林の先見性が如何に的を射たものであるかは、その後の鉄道事業の成功、発展ぶりが証明している。

五島慶太の東急の沿線開発手法は、小林一三から着想を得ていた。五島自身も「終始一貫して知恵を借りて自分の決心を固めたものは、小林一三だ。百貨店も全く小林の知恵により、阪急百貨店と同じようなものを作った」、「東急の経営はすべて小林イズムを踏襲してきた」と述べている。五島は元々鉄道省の役人であったが、電鉄経営に転じた後、小林を師とし土地開発に注力した。小林は遊園地や住宅地を建設することで阪急の経営の安定化を図ったが、五島慶太は自社沿線に学校を誘致し、定期券の発売を行い、収入の安定化を図るなどして経営の拡大を図った。

義塾の日吉への誘致を達成した五島は、さらに昭和六（一九三一）年に一万坪の用地を無償で日本医科大に贈与し、翌年には青山師範学校に対し経済的支援を行うなど、乗客を誘致するための事業は次第に文化事業の性格を帯びていったのである。

［大澤輝嘉］

日吉キャンパスの銀杏並木

日吉駅の改札を抜けて、すぐ目の前に見える銀杏並木の通りを歩き始めると、そこはすでに日吉キャンパスの中である。入り口近辺には門も塀もなく、敷地面積十二万坪の校地は街と一体化した開放感に溢れている。日吉記念館へと続く長さ二二〇メートル、幅二二メートルの坂道にある約百本の銀杏はキャンパスのシンボルとなっており、「港北八景」に選ばれ、平成九年度には第七回「横浜市まちなみ景観賞」を受賞している。本項では、新学期に課外活動団体の勧誘で賑わうこの銀杏並木を取り上げる。

銀杏

銀杏は中国原産の落葉高木の裸子植物。雌雄異株で、風により花粉が飛散する風媒花である。人為的な移植により世界中に分布した。火に強い性質があるため、日本では、江戸時代の火除け地に多く植えられた。色づいた時の美しさから、街路樹（銀杏並木）として植えられているところも多い。東京の明治神宮外苑や、大阪御堂筋の並木道は有名である。長寿であり、成長すると二〇〜三〇メートルの巨木になる。そのため、各地に巨木銀杏が残っており、その中には弘法大師空海が植えたとの言い伝えがある木も多い。

「銀杏」あるいは「公孫樹」と漢字で表すが、銀杏は、実の形が杏に似ていて殻の色が銀白であることに由来したもので、公孫樹は、植えてからその実が食べられるようになるのは孫の代になってからとの意味からきたものであるという。

槇智雄

日吉キャンパスを語るときに、忘れてはならないのが槇《まき》智雄《ともお》である。槇智雄（明治二十四〈一八九一〉年～昭和四十三〈一九六八〉年）は、宮城県仙台市出身。父は新潟県士族であった槇武で、父の仙台赴任中に生まれた。大正三（一九一四）年慶應義塾大学理財科を卒業し渡英、同六年、オックスフォード大学卒業。帰国後は慶應義塾大学法学部政治科で教鞭をとり、同十三年に教授に就任し、寄宿舎の舎監長、体育会理事を務める。昭和八年、小泉信三塾長の要請によって常任理事になり、戦前および戦時下の塾内行政を担当した。昭和二十二年、小泉の退任と同時に慶應義塾を退職する。

◉槇智雄

当時塾内では、その風貌から、小泉塾長をアメリカ大統領「ルーズベルト」に、槇をイギリス首相「チャーチル」に擬《なぞら》えていたという。槇は学生に対して「気品の泉源智徳の模範」を実践させることに熱心で、寄宿舎の舎監長時代、朝の食堂にドテラ姿で出てくることを認めなかったばかりでなく、山中山荘では、盛夏でも襟付きのシャツを着用しないものは食卓につくことを許さなかったと言われている。

昭和二十七年、幹部保安官・警備官教育を目的とした保安大学校の設置にあたり、吉田茂首相と懇意だった小泉の推薦で保安大学校長に就任、同校が防衛大学校に改組された後の同四十年まで防衛大学校長を務めた。イギリス流のリベラリストとして知られ、軍事専門教育に偏しない紳士としての素養を持った士官の養成を目指し、リベラルアーツ型の教育を推進した。防衛大学校退職後、以前から理事を務めていた白梅学園短期大学の学長に就任したが、在職中に死去。享年七十七、墓地は多磨霊園内にある。専門はイギリス憲法史、政治制度史。登山家の槇有恒は実弟である。また、建築家で三田の図書館新館、大学院棟、湘南藤沢キャンパスの各校舎を手掛けた槇文彦は甥にあたる。

槇が小泉塾長の要請で理事に就任したのは、当時着工中であった日吉キャンパスの整備を担う目的もあった。槇はその要望に応え、その建設に心血を注ぐことになる。

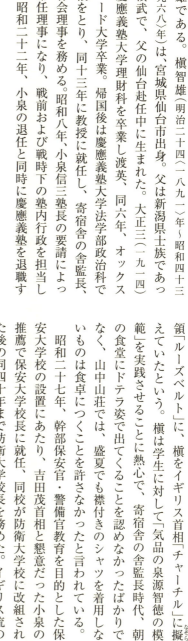

日吉キャンパス造成

　プラットホーム一つの無人駅であった日吉駅の東側の敷地に建った一軒家、東横電鉄の旧管理人小屋が日吉キャンパス建設の本部であった。校地中心部の平地に、「東横電鉄直営の檜で区画された苺畑があるほかは、斜面は杉、松、椹《さわら》の巨木が群生し、大部分は雑木や薄《すすき》の繁茂にまかせた」（照井伊豆「慶応義塾日吉校舎建設の功労者」『槇の実 槇智雄先生追想集』所収）という荒野であった。工事は、敷地を案内するための雑木や蔓草の伐採に始まり、続いて自動車進入路を設置するために東横線路脇の丘を切り崩す作業に入り、その残土を埋め立てて陸上競技場建設が始まった。

　競技場、テニスコートなどの体育施設が完成し、現在高等学校が使用している第一校舎の建築が着工すると、削られた赤裸の斜面を緑化するための植樹作業も開始された。槇は日吉キャンパス構内の風致についても様々に配慮し、各所に並木や郡植による植樹を行った。

　月に二回開かれる武蔵中原や白楽の植木市、祐天寺、中根町（現目黒区中根）付近の植木溜《だめ》、さらには埼玉の安行や池上本門寺の植木市にも槇自らが足を運び、苗木を選定、購入した。

　苗木の選定や植樹については、目黒の林業試験場、松戸の千葉高等園芸学校（現千葉大学園芸学部）教授であった森歓之助らの助言を受けたという。森は佐賀県唐津市生まれ。大正三年に千葉県立園芸専門学校（前出千葉高等園芸学校の前身）を卒業の後、一時、当時宮内省出入の植木師として名のあった東京府下戸塚の小川重次郎方に徒弟として造園実務にたずさわった。同四年、恩師本郷高徳の推挙で大阪府吏員となり、大屋霊城と共に府営住吉公園改良工事に従事後、同十一年、母校の助教授となる。昭和六（一九三一）年から同九年にかけては欧米を長期出張視察し、アメリカのマサチューセッツ州立大学造園学部では一年間造園学研究に勤《いそ》しんだ。帰国後すぐに教授に就任し、同十九年に退職するまで同校で教鞭をとり、造園界で活躍する人材育成に当たった人物である。槇は、森からアメリカ仕込みの、最新の造園技術に基づいた指導を受けたという訳である。

　こうして、昭和九年の開校までに槇が買い集めた植木は数百種、一万二千本を超えたと言われている。常任理事という多忙な役職にあったにもかかわらず、キャンパス環境を良くしたいという至誠な槇の努力の結果、いよいよ五月の授業開始を迎える。しかし、大学予科の一年生一三一三名が新キャンパスに通学し始めたが、「ハアー八時半かよ今鳴る鐘は、道は赤土急がれぬ」（加藤正二「日吉風景」『三田文学』昭和十年六月号所収）と学生に唄われたように、構内の道路は未舗装で、正面道路の植樹も未完成であった。

銀杏並木

日吉駅から続く正面道路の街路樹選定については、前出の林業試験場や森の指導に加え、造園家戸野琢磨の進言の結果、銀杏と決定した。銀杏は樹性が強健で旺盛な生長をし、「関東ローム層地質に適し強剪定に強く、あまり施肥も必要としないから維持管理も容易である」(照井伊豆「日吉の公孫樹」『三田評論』第七二五号所収)との理由であった。苗木は戸野の事務所に発注された。戸野は大阪府出身で、北海道帝国大学農学専攻を卒業後、造園分野では日本人で初めてアメリカのコーネル大学の大学院などでランドスケープ・アーキテクチェアを学んだ。大正十四年に帰国し、日本ではじめてのランドスケープデザインのオフィスを設立し、庭園の設計活動を展開した人である。代表作として豊島園遊園地(大正十五年完成)がある。

昭和十年の夏期休業中、直径三寸(一〇センチメートル)、

◉植樹された頃の銀杏並木　背後は第二校舎[慶應義塾福澤研究センター蔵]

◉現在の日吉キャンパス銀杏並木(奥に日吉駅をのぞむ)

樹高二間（三・六メートル）の若木を、鳥居型の倒木防止の養生をして一本八円で九十六本、両脇の歩道をそれぞれ挟む形で四列を四間（七・二メートル）間隔で植樹され、両端には磯馴《そなれ》松、中間に躑躅《つつじ》を配した銀杏並木が完成した。この他に、正面道路中ほどから北側に続く道路の約二十本、キャンパス南側、消防署から寄宿舎に続く道路沿いの約五十本などを含め九十本近くの銀杏もあわせて植えられた。昭和初期の八円が現在の価格にしてどれだけになるかを、米価を基に粗く見積もってみると約千倍、一本八千円となる。同じ時期に道路の舗装も終了し、槇の努力がようやく実を結んだのである。

日吉の木々

槇は、銀杏並木と突き当たりのT字路、第一校舎から第二校舎にかけて南北に走る道に欅《けやき》を植えると決定した。しかし、明治神宮造園事業の時期と重なり、東京近郊では手ごろな苗木が見つからず、結局、横浜線の長津田、小机近郊の農家の裏庭から、一本三円五十銭で二〜三本ずつ譲り受けて植樹したという。

「北海道三田会からポプラ、下郷殿平は仙台のしだれ桜、松永安左エ門から多行松、津村重舎は楠《くすのき》と、数多くの寄贈を受けたが、日吉の土壌に合わなかったのか、楠を除いてほとんどが枯れてしまった」（前出『槇の実』）という。因みに、戦後、和歌山県知事を務めた塾員柳弥五郎から贈られた浜《はま》木綿《ゆう》も、三田キャンパスには根付いたが、日吉記念館前に植樹されたものは冬の霜に堪えられず全て枯れてしまった。『三田評論』の記録を辿ると、昭和十年三月に、森村市左衛門ほか三十名から、「日吉台植樹資金寄附」として一五五〇円が寄付されたのをはじめとして、同年中に、それに加えて計四一〇円の同名の指定寄附が寄せられている。また、翌十一年三月には静岡土肥の勝呂宗平、椎貝文一の両名から、楠の苗木四百本が寄附されたとの記述もある。こうした、槇をはじめとする多くの諸先輩の尽力が、今日の緑溢れる日吉キャンパスを生んだといえるであろう。

［大澤輝嘉］

まむし谷

練習ハ不可能ヲ可能ニス

まむし谷の自然

日吉駅から銀杏並木を進むと、広場を取り囲んで、正面に日吉記念館、右側に第一校舎が、左側に第二校舎がある。多くの塾員にとって、卒業後も連合三田会大会等で馴染みのある場所であるが、更にその奥に広がる情景の美しさを知らぬままの人も存外多い。記念館と第一校舎は崖の上に位置しているので、記念館の右脇を進むと、「まむし谷」と呼ばれる谷地とそれを取り囲む台地の林の、都会から隔絶された眺めが眼前に広がる。樹木、草花、野鳥等、四季折々の自然を楽しむことができるが、桜の時期は殊の外美しい。

蝮谷《まむし》の名は、昭和九年に、義塾の日吉キャンパスが開設する前からのもののようで、日吉建設の担当常任理事であった槇智雄は、「この谷間の当時の姿は、段状の水田が数枚耕作されており、周囲の土地は足の踏み入れようもない、茨の藪で、土地の人は蝮谷と呼ぶ日吉きっての蛮地であった」と述懐している。

その名の通り、蛇にまつわる逸話も多い。例えば、日吉開設五十年の式典では、大学予科の日吉一期生として、三菱商事の三村庸平が「蝮谷という名の通り、春になりますと蛇が沢山おりました」と、蛇を捕まえては教室に持ち込み、教員諸氏を怖がらせたこと、東横電車で周りの客が逃げ出したのでふと見ると、ポケットに入れておいた蛇が顔を出していたこと、等の思い出を語っている。

また、槇を助けて日吉建設に従事し、その後永く体育会主事を務めた照井伊豆は著書『体育会と共に』で、昭和九年十二月の弓道場の道場開きでの一齣として、「板倉会長(体育会会長)の矢が右側の山腹にばかり中《あた》るので、小泉塾長が「板倉さん、何をやっているんです」といわれ、板倉会長が「蛇を追払っているんだ」と答え」たと記している。板倉会長とは、法学部の中心的教授の一人で、また、福澤諭吉創刊の時事新報を永年率いた板倉卓造のことである。

テニスコート――栄光と苦難

今、記念館右脇の長い階段を下りきると、テニスコートがあり庭球部が練習に励んでいる。またその周囲には、空手部、レスリング部、フェンシング部、相撲部、ボクシング部、弓術部、射撃部、合気道部、少林寺拳法部、拳法部等の体育会各部の練習施設がある。また、谷の奥にある蝮谷体育館で器械体操部とハンドボール部が、谷の向こう側に回り込んだ台地では、「イタリア半島」で自動車部が、「嵐が丘」でアメリカンフットボール部が、「日吉台野球場」で準硬式野球部と塾高野球部が練習している。さらに、その傍には、洋弓部、ゴルフ部等の施設もある。ちなみに、日吉草創期の塾生達は、これらの北東にせり出した台地一帯を「バルカン半島」と総称し、それと反対側に伸びる寄宿舎一帯のことを「イタリア半島」と呼んでいたという。

◉桜の美しいまむし谷テニスコート

日吉開設により、それまで武蔵新田等に分散していた体育会施設は、線路を挟んで反対側の下田町地区も合わせて日吉に集まることになった。第一期工事として最初に作られたのは、陸上競技場とテニスコートで、庭球部はキャンパス開設の前年の昭和八年八月、日吉に移った。

早速に、このコートは、「庭球王国」と称された庭球部を支えることになる。翌年十一月には全日本選手権が日吉コートで開催され、後にデヴィスカップ代表選手に四度選ばれ、世界ランキング七位にまでなる山岸二郎らの活躍で単複共に優勝した。また春秋の早慶戦は昭和十九年秋に中止になるまでの間、実に二十勝二敗と圧倒的な戦績を残した。

しかし戦時下での困難に続き、敗戦後も、昭和二十年九月から日吉キャンパスは米軍に接収されてしまう。二十四年九月末の接収解除まで「完全にオフ・リミット地区になってしまった」(米軍との折衝にあたった平松幹夫)ため、蝮谷の施設はすっかり荒廃し、復興期の体育会理事、石丸重治は「廃屋に等しい三田の旧道場内で、埃を浴びて練習に精進し、しかも黙々として何等訴えるところなき有様や、日吉の谷の旧剣道場が荒れるにまかせて放置せられてある有様や、ホームグランドを持たず転々として諸所のコートを借りて労苦ししかも優勝の栄を得た部などのことを考えると、私は焦慮のため屢屢不眠に陥る」と心情を吐露した。

そんな中で、庭球部は昭和二十一年春から蝮谷コートでの練習を再開している。これは、英語の教員であった小松房三の力が大きい。当時、第二校舎が米兵の職業訓練学校として使われていたが、小松はその図書室のライブラリアンを頼まれ、返還交渉のチャンスをつかめるかもしれないと、三の橋仮校舎での授業を終えると毎日、日吉に通っていた。庭球部員の相談を受けた小松が米軍と交渉、構内を通行できるようにパスを発行して貰ったのであった。

当時は、どの部も今日では想像できないような苦労を重ねながら練習に励んだが、庭球部も、コート脇スタンドでは休憩中の部員が「起毛ボール」作りをしていた。ボールは入手が困難な上に、質が悪かったので、毛の無くなった使い古しのボールを金属たわしのようなものでこすっては再利用したという。

練習ハ不可能ヲ可能ニス

テニスコートを左手に、コートに沿って進むと、全コートを見渡す西側芝生スタンドの中央に石碑がある。表面には「練習ハ不可能ヲ可能ニス　信三」と遺墨が刻まれている。碑の文字は、当初は手紙や原稿の文字を集めて並べた

◉「練習ハ不可能ヲ可能ニス」石碑

◉日吉テニスコートでの小泉信三［慶應義塾福澤研究センター蔵］

「すべて練習は不可能を可能にする　小泉信三」であった。その後、小泉家から色紙大の遺墨が見つかったことから、昭和五十六年、庭球部創立八十周年記念祭の際に改装されて、今の姿になったものである。

昭和四十一年五月、小泉の急逝後、庭球三田会員の間では、何か記念するものをと考えた。かつて庭球部報に小泉が「故水上瀧太郎は生前その後輩に「志は高かるべし」といったが、この七字は今彼れの記念碑に刻まれて人を励ましている」と書いていたことを思い起こし、それに相応するものとしてこの石碑を建てるに至ったのである。その経緯は、裏側の説明に詳しい。

小泉信三先生は明治二十一年五月四日、東京三田に生れ、昭和四十一年五月十一日急逝せらる。慶應義塾普通部二年のとき庭球部に入り、五年生にして全塾第一位の選手となり、大学に進んで主将となる。その豪快なるフォアハンドストロークはつねに敵の心胆を寒からしめたり。

後に大学教授となり、大正十一年、庭球部長に就任し、その在任十年間に義塾庭球部が名実共に日本一のチームとなり、爾来庭球王国と称せらるゝに至りたるは、すべてこれ先生の指導によるものにして、庭球部先輩後輩の永く忘るべからざるところなり。

昭和八年塾長に推されて在職十四年、学事の興隆に努むると共に体育の振興に心を配ること極めて切なり。庭球部を生れ故郷と称し、とみ子夫人と共に終生その故郷と故郷の人々を愛して已まざりき。

我等庭球三田会員は、今その高風を仰ぎて追慕の情に堪えず、こゝに一同相諮りこの碑を建て、先生の平生好んで口にせられし言葉を刻み、永く選手部員激励の資とすると共に故人を偲ぶよすがとするものなり。

昭和四十二年三月二十六日建之

「然るべき人にお願いすれば立派な文章はできるとは思ったが、先生と我々テニス仲間の特別な交流のニュアンスはどうも我々でなければ判らない」(当時の庭球三田会長・石井小一郎)と、裏側の説明文の作成から碑の花崗岩の選定に至るまで、庭球三田会員の手によってなされた。そして、碑の下には、遺愛の木製のペーパーナイフ、庭球部・庭球三田会合同編集の追悼録『偲草』、庭球三田会名簿が埋められた。

　碑の後ろには、三重の山林から運んだ三本の楠が立っている。選定に奔走した石井は、満足げに「年を追って大きく立派になって行くのは嬉しいが、そのうちコートに日陰が出来るのではないかと心配にもなる」と記したが、実際今では、コートに大きな陰を作る大木に成長している。

緑化運動とメタセコイア並木

テニスコートの脇の道を真っ直ぐ進むと、弓道場にかけての峠道に沿って、一際高くそして真っ直ぐに伸びたメタセコイアの並木がある。

　これは、戦後、三田、日吉等戦災等で荒廃したキャンパスの再興に際して、その緑化のために、東宝社長であった清水雅《まさし》とその呼びかけに応じた大阪在住の塾員らが中心となってはじまった「慶應義塾緑化運動」の所産である。兵士の暖房用等に多くの木々が切り出されて荒廃していた蝮谷周辺については、緑化運動に呼応して、高等学校の初期の卒業生が毎年卒業記念として松や杉の若苗を植樹した。清水自身も成長が早く大樹になるメタセコイアを寄附し、峠道に沿って植えられたのであった。

　緑化運動について清水は昭和二十七年の「三田評論」に「この樹木の緑がもたらす雰囲気が、この学校に生活する人々に、慰安と楽しみと力を与えることがどの様に大きいかを考えてみたときに何としても学生達にこの様な楽しい環境をもたらせてみたいと考えるからである」と記している。この後進塾生への思いは、今の塾員も同じであろう。

　蝮谷の緑とスポーツへ懸けた多くの塾の先輩諸氏の思いに触れる時、蝮谷一帯が今以上に、塾生が友人と、塾員が友人や家族と連れ立って四季の折々に散策を楽しみ、そして体育会の若人に温かい眼差しを送る場になればと思うのである。

［山内慶太］

日吉台地下壕

なぜ日吉に海軍が？

話は太平洋戦争の後期、坂道を転がり落ちるように戦局が悪化していく頃である。昭和十八（一九四三）年十二月、在学中の学生・生徒（学徒）は卒業するまで徴兵されないというそれまでの徴兵猶予が停止され、在学中であっても二十歳に達していれば徴兵されるいわゆる「学徒出陣」によって多くの若者が教育機関に在籍のまま入隊していった。キャンパスに残されたのは二十歳（その後徴兵年齢は十九歳に引き下げ）に満たないか、病気などの理由により兵役に不適と判定された学生など少数で、彼らも勤労動員などで不在がちのため、校舎は空教室が目立つようになっていた。

　そこで日吉に移転して来たのが、軍令部第三部である。軍令部は、海軍の作戦指揮を統括する機関で、第三部は情報収集（インテリジェンス）を担当しており、米軍の本土空襲に備えて移転地を探していた。その中でも対米情報の収集に従事していた第五課に、当時の慶應義塾長小泉信三の長男信吉《しんきち》の同級生がいた。彼はある日課長の呼び出しを受けて、日吉校舎の貸与を小泉塾長に依頼するよう頼まれ、直接塾長に電話をしたと後に語っている。

　すでに文部省からは余裕のある建物を国に貸与するよう各大学に指示が出ており、空校舎の管理も行き届かず、在籍者の激減や国による諸学校の整理統合方針によって存続さえ危うくなってきた一私学の長たる小泉はこれを承諾する。日吉の第一校舎（現慶應高校校舎）の南側半分に、霞ヶ関から軍令部第三部が移転してきたのは昭和十九年三月のことであった。同部の人々は近隣に下宿して教室で執務していたという。そして校舎前には空襲時の待避用地下壕が掘削された（図②）。第一校舎前のケヤキ並木の間に三角形のコンクリート構造物が昭和四十年代まで残されていたのを

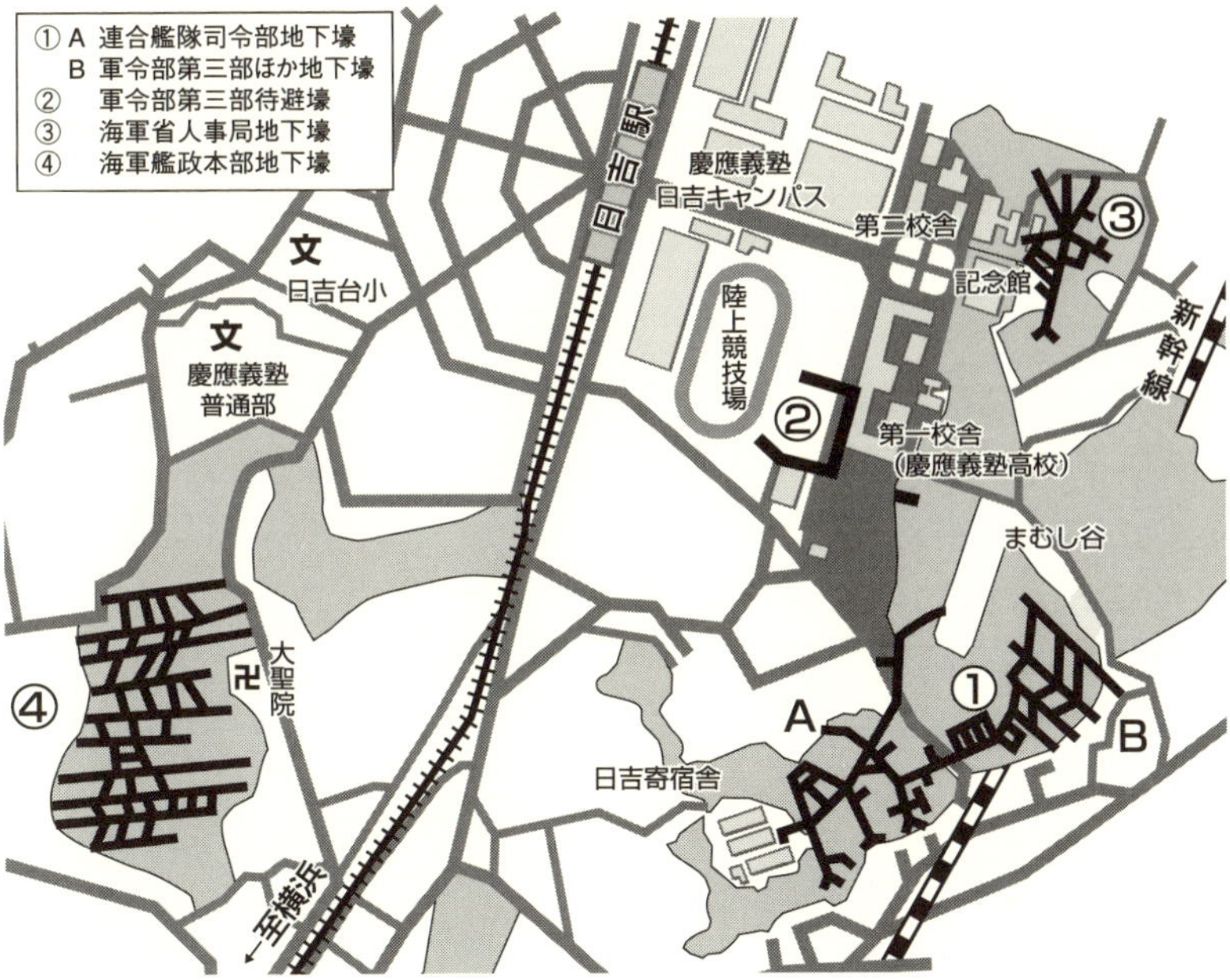

◉日吉台地下壕分布図

ご記憶の方もいらっしゃるだろう。これが「日吉台地下壕」に数えられる壕のうち最初に掘られたものだが、小規模なもので地下壕掘削の先鞭をつけたに過ぎなかった。

連合艦隊、陸に上がる

次に日吉校舎に目をつけたのは、連合艦隊司令部であった。時の司令長官は海軍大将豊田副武《そえむ》である。連合艦隊では諸艦艇を率いる旗艦《きかん》に司令長官が座乗することを伝統としたが、各地で進行する戦況の統一的指揮や、中央との十分な連携の必要から陸上移転がたびたび議論されていた。昭和十九年四月に旗艦となった軽巡洋艦大淀は、前例を破って木更津沖などに単独で碇泊していたが、六月のマリアナ沖海戦で航空母艦の多くが失われ、陸上基地から発進する航空部隊が主力となったため、いよいよ司令部の陸上移転論が力を増していった。

陸上移転は、安定的戦争指揮という視点からは合理的で自然な選択であり、むしろ遅きに失するほどであった。しかし合理性は前線の兵士たちの士気とは無縁で、武士道的観念とは相容れないものであった。

移転候補地には、大倉山の精神文化研究所、東京町田の玉川学園、横浜航空隊（現横浜市金沢区）、日吉の義塾校舎の四カ所が挙がったと記録されている。ある日、大淀に乗艦していた慶應義塾出身の通信参謀附士官が司令長官に呼ばれ、上陸候補地に意見を求められた。彼はそこで、自分が寮生として過ごした日吉の寄宿舎を推薦し、早速上陸して参謀長と車で視察に出かけたという。参謀の一人中島親孝《ちかたか》の親戚にも塾員がいて、中島も日吉まで運動会見物に出掛けたことがあり、日吉移転を強力に推した。結局電波状況の良い高台で、堅固な寄宿舎を活用できる日吉が最適との判断が下った。

寄宿舎の悲運

『慶應義塾百年史』は、明治期の塾生が記した「慶應義塾の寄宿舎は慶應義塾そのものである」との一文を引用して、「決して過言ではない」と記している。義塾が「気品の泉源、智徳の模範」となることを意識するとき、それが育まれる場所は第一に、終日を塾内で過ごす寮生たちの生活の場、寄宿舎であった。だからこそ寄宿舎は義塾においてとりわけ重視されていたのである。昭和十二年に完成した日吉寄宿舎は、三棟の寮舎と別棟の浴室からなり、建築家谷口吉郎の作品として名高い。当時は画期的な全室個室に床暖房、そしてローマ風呂と通称されたモダンな浴室などの設備は、今日でも遜色がなく、蛮カラ学生の巣窟である他大の寮とは全く趣を異にした。しかし残念なことにこの寄宿舎全体が正常に使用されたのは、わずか七年ほどに過ぎなかった。

連合艦隊司令部が日吉寄宿舎に移転し、将旗を掲揚したのは十九年九月二十九日のことである。三棟の寮舎を改造し、「南寮」の二階に長官の執務室及び寝室を、「中寮」の一階食堂を作戦室にしたという。翌三十日、軍令部総長より昭和天皇に、司令部の日吉移転が上奏された。

海軍に関する著作もある義塾図書館職員の田中知之氏の調査によれば、義塾出身で、日吉時代の連合艦隊司令部に勤務していた者は、少なくとも六人はいたという。その一人である李家弘道のように在学中、寮生だった者もおり、数年ぶりに入居した寮に「必ず帰ってくるぞ」といった後輩寮生たちの無念の言葉が書き残されているのを見たという(『日吉寮開設五十周年記念誌』)。現在でも寮の各所には、海軍に明け渡す際、寮生たちが書き残した落書きが残されている(『福沢研究センター通信』一七号)。

「正成 湊川《みなとがわ》に行かず」

連合艦隊司令部の地下壕は、寄宿舎の真下からまむし谷にかけて広がっている（図①A）。台地のふもとから真横に掘り進められ、台地上の各所とは縦穴や坂道で結ばれる構造となっており、壁面は四十センチほどのコンクリートで全て固められている。この壕の中枢は幅四メートル、高さ三メートル、奥行き二十メートルほどの大空間が残る地下作戦室であり、その周囲には通信機がずらりと並んでいた電信室、暗号室などがあり、通信兵らは二段ベッドで寝泊まりした。壕内には一部蛍光灯も設置され、便所は水洗式だった。掘削は、司令部の移転に先立ち八月より始められ、完成した場所から使用が開始されたという。

日吉移転後には早速台湾沖航空戦の指揮が執られ、続くレイテ沖海戦はマッカーサーの上陸阻止を目指し総力を挙げた決戦となったが、指揮能力を欠き惨敗を喫する。翌年四月には、沖縄への連合国軍上陸阻止のため、残されたわずかの艦艇を挙げて無謀な突入を命じたいわゆる「大和特攻」が発令され、全機特攻化が決定された航空戦力による特攻も連日実施された。楠木正成の故事になぞらえて菊水作戦と呼ばれたにもかかわらず、その命令がはるか遠くの、しかも地下壕の中から発令されたことに対しては、戦後「正成湊川に行かず」との批難も起こった。義塾出身の軍事ジャーナリスト伊藤正徳は『連合艦隊の最後』の中で、こう記している。「…現実の形に於て、『菊水作戦』と称するその菊水の旗が、湊川の戦場に翻らなかった歴史が、将兵の感情を晴々とさせないのである。多くは感情である。理性の判断は識者おのおの説く所を異にするであろう」。指令の先には幾多の人命があり、特攻出撃を命じられた塾員や塾生もいた。その中には日吉の寮生だった者もいた。彼らは、その命令がどこから発せられたかを知るよしもなかったであろう。

続く移転と住民の受難

その後も海軍の日吉移転と地下壕の拡大は続く。十九年十月、海軍省人事局は第二校舎の北側に地下壕を構築する工事に着手、その完成を待つことなく十二月には同省経理局と共に日吉に移転、翌年二月、壕内に移転した（図③）。その頃、海軍艦政本部が、日吉駅の反対側、普通部南側の台地に大地下壕の掘削を決定し、その工事を開始（図④）。七月には軍令部第三部も本土決戦に備え、校舎内からまむし谷東側に建造した壕内に移転した（図①B）。この壕には東京通信隊や、空襲で霞ヶ関を焼け出された航空本部も同居した。

地元住民は大災難だった。当時日吉台のふもとに点在した民家は、壕から土砂を捨てるために曳き家を強いられ、土砂は田畑に捨てられた。土地の境界が不明となったため、戦後トラブルが頻発したという。

米軍が海軍施設移転を把握していた形跡は今のところ確認されていないが、日吉への大きな空襲も三度あり、住民の死傷者はかなりの数に上った。時々食料を求めて地下壕掘削の労働者が民家を訪ねてくることもあり、彼らは北海道や東北の出身者、あるいは朝鮮の人が多かったといわれる。落盤事故による死者もいたと伝わるが、正確な記録はない。

◉平成二十年に再び開口した軍令部第三部地下壕（①B）

終戦、そして接収

「連合艦隊の軍艦はほとんど海底に去って、その司令部のみが空しく日吉台に残った。豊田大将も…そこを去った後、小沢中将が司令長官となったが指揮する軍艦がなく、丘の上に立ちつくして淋しく傾く月を眺めていた。」（『連合艦隊の最後』）

八月十五日、玉音放送はキャンパスの各所で流されたという。残っていたわずかの塾生には、海軍と一緒に陸上競技場で玉音放送を聞いた者もいた。まもなく日吉台一帯からは数条の黒煙が上がり、数日にわたって止まなかった。各機関が機密書類を焼却する煙であった。使用されずに終わった艦政本部地下壕を含め、壕の総延長は五キロ以上、それらは瞬時に、文字通り、無用の長物となった。

九月七日、海軍からの校舎引き渡しを準備していた義塾に無情にも突きつけられたのは、米軍からの接収通告で、キャンパス全体が翌日から米軍に占拠された。以後粘り強い交渉によって接収解除を勝ち取る四年先の昭和二十四年秋まで日吉は使用できなかった。米軍はここを職業補導学校や宿舎として使用した。寄宿舎はさらに荒らされ、ローマ風呂は浴槽を埋め立ててバーラウンジに変貌した。数か所の地下壕入口は爆破され、壕内に残された什器や鉄製品は付近の住民が残らず持ち去った。日吉は米兵を相手にする女性が街角に立つなど風紀も治安も悪化、すさんだ風景をさらすこととなった。

放置された地下壕の存在は、誰いうとなく塾生間にささやかれ、探検が横行、危険性から昭和五十年代までにほとんどの入口が封鎖された。新幹線工事の際にコンクリートが充填された部分もある。

それ以前に作成された内部調査図面や、昭和四十四年の慶應高校日吉祭に地底研究会と称して有志生徒が発表した調査報告(二年後に冊子『わが足の下』を発行)が、封鎖前の地下壕の様子を伝える貴重な資料となっている。

平成元年、慶應高校教諭寺田貞治氏の呼びかけで地域住民を中心に塾内外の有志によって日吉台地下壕保存の会が結成され、わずかに開いていた民家の地下壕入口から①Aの調査が始まり、少しずつ構造や使用実態の解明が進んだ。場所によっては膝まで泥や水が溜まっている状態だったが、平成十三年に慶應義塾は内部を整備、今ではスニーカーでも入れる状態となった。平成二十年にはまむし谷体育館建設現場から①Bの地下壕が露出、義塾は地下壕保存を優先し設計変更を行った。

戦争の遺物であるこの地下壕は、厄介者から歴史の重要な証人へと確実に変わっていった。それは戦争体験世代が減り、資料や遺跡が歴史を伝える時代となりつつある「ヒトからモノへ」の移り変わりとも無縁ではないであろう。

日吉台地下壕は、有志による根気強い運動と調査が、所有者である義塾との対立ではなく連携と調査の深化を生み、保存の道筋がつけられつつある良い事例として歴史に刻まれていくであろう。そうして残された遺跡から何を学ぶかは、重い課題である(地下壕は、普段は公開されていない)。

［都倉武之］

column

日吉返還

昭和九(一九三四)年に開校した日吉キャンパスは、第二次世界大戦の時局の悪化と、東京湾を一望し、電波を送受信するのに適した高台という立地から、同十九年に藤原工業大学(その年に義塾工学部となる)を除く校舎や寄宿舎が海軍などに貸与され、地下壕も構築された。更に同二十年四月の空襲で工学部の校舎を中心に被災した。同年九月八日には、旧海軍の差し押さえを名目に米軍がこれを接収し、義塾は残存施設の約半分を失うことになった。第一校舎は米軍第八軍第一一兵団(通信部隊)および騎兵第一師団の宿舎、寄宿舎は独身将校の宿舎とされ、第二校舎は職業補導学校として利用され、工学部跡地には料理学校が設立され、四四棟のカマボコ型の兵舎も建設された。

義塾は、塾員吉田丹一を塾監局嘱託として、外務省を通じるなどして返還交渉を開始した。それだけでなく、昭和二十二年十月には、渉外室(のちに外事部、国際センター)を設置して、平松幹夫、清岡暎一ら英語に堪能な教員に交渉を担当させた。加えて、同二十一年六月に、藤山愛一郎、秋山孝之輔、横浜礼吉など塾員有志によって設立された「三田リエーゾンクラブ」での社交を通じ、親交のある米軍関係者に直接日吉返還を求めるなど、あらゆる手段を講じて返還運動を行った。

それに対し、米軍側は代替地の提案などを行うなど、日吉返還を拒否し続けた。しかし、共産主義の伸長に対抗するための冷戦外交の展開による占領政策の転換から、昭和二十四年になると態度を軟化させ、六月三十日に日吉接収解除決定の通達を出した。接収解除日である十月一日、アメリカ第八軍横浜地区司令官ガーヴィン准将が列席する中、日吉第二校舎正面で返還式が行われ、木製金メッキの「返還の鍵」が同准将より潮田江次塾長に手渡された。

[大澤輝嘉]

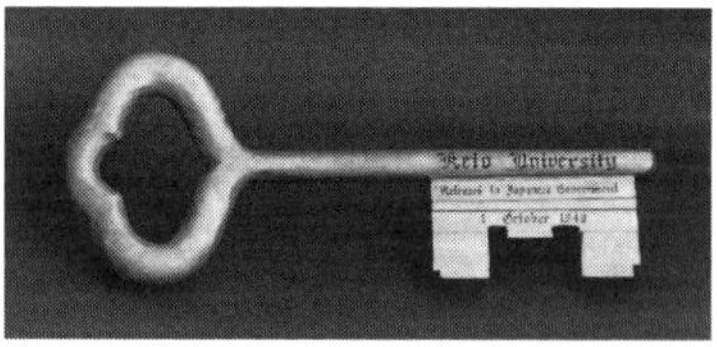

◉日吉返還式と記念の鍵

藤山記念館

藤山雷太

藤山雷太《らいた》は、文久三年八月一日（一八六三年九月十三日）、肥前国松浦郡二里村大里（現佐賀県伊万里市）の庄屋を務めていた、佐賀藩士藤山覚右衛門の四男として生まれた。雷太誕生の日が大里の神之原《かみのはら》八幡宮の祭日で村芝居が掛かっており、源氏再興の児が生まれるという筋であった。加えて藤山家の庭の梅檀《せんだん》の木に落雷があったので、雷太と名づけられたといわれる。神之原八幡宮境内に、長崎の平和祈念像の作者である北村西望《きたむらせいぼう》作の雷太の銅像がある。

佐賀藩校「弘道館」に学び、明治十一（一八七八）年に長崎師範学校に入学。同校を明治十三年に卒業と同時に助教諭となり三年間講義を行う。同十七年に上京して慶應義塾に学び、同二十年四月に慶應義塾正科を卒業した。

佐賀で県会議員を務め、議長まで上り詰めた後実業界に転じ、明治二十五年福澤諭吉の紹介で三井銀行に入行し、抵当係長として実績を挙げ、中上川彦次郎に見込まれて芝浦製作所（後の東芝）所長となる。更に王子製紙の買収に成功、また東京市街電鉄、日本火災、帝国劇場などの創立に

◉藤山雷太

参加した。同四十二年に当時破産寸前であった大日本製糖の社長に就任、台湾における粗糖生産の拡大などによって同社の経営再建と大手製糖企業としての発展を実現し、一躍財界に重きをなした。その後、日糖を中心に関連企業を派生させ、藤山コンツェルンと呼ばれる企業集団を築いた。

義塾評議員を明治三十八年から終身務め、日本商工会議所初代会頭や貴族院勅選議員なども歴任したが、昭和十三（一九三八）年、七十五歳で逝去し、多磨霊園に葬られた。十一区一種二側二番の墓所には雷太の胸像があり、六区公園前には藤山雷太記念壁碑が建っている。

藤山愛一郎

愛一郎は、明治三十年五月に雷太の長男として生まれた。幼稚舎入学後、当時の官立崇拝の強い風潮の中、府立一中を受験するも失敗し、普通部に進学した。慶應義塾大学部政治科に進むが大正七（一九一八）年に病気療養のため中退し、父が築いた藤山コンツェルンの後継者として大日本製糖社長、日東化学工業社長、日本商工会議所会頭、海軍省顧問などを歴任した。昭和十四年義塾へ百万円を寄付、これを基金として慶應義塾学事振興基金が設定された。

第二次大戦後、公職追放を経験するが、日本商工会議所会頭に再任され、また東京都共同募金会会長、初代日本航空会長、日本テレビ取締役など二百を超える経済界の要職に就いた。第一次・第二次岸信介内閣で、岸に請われて初の民間人閣僚として外相を務め、日米安全保障条約改定の折衝にあたった。これを機に政界に進出し衆議院議員となり、第二次池田勇人内閣の経済企画庁長官、自民党総務会長を歴任。首相への夢を抱き、三回にわたって自由民主党総裁選に挑戦するも敗北し、巨額の資産を派閥維持の費用など権力闘争に投じた結果、藤山コンツェルンは解体されてしまった。昭和五十年に政界を引退し、同六十年、八十七歳で逝去した。

邸宅・茶室・別荘

藤山家の自宅は、東京市芝区白金今里町十四番地、現在、港区白金台のシェラトン都ホテル東京が建つ場所にあった。邸宅は、「関西建築界の父」と呼ばれ当時京都帝国大学建築学科教授だった武田五一と、その教え子で国会議事堂の設計に携わった吉武東里の設計で、昭和七年竣工のイギリス・チューダー様式の洋館と日本館が並ぶ大邸宅であった。一九六〇年代の愛一郎の自民党総裁選出馬や派閥維持の資金調達を目的に敷地と共に売却された。ホテル建設のため洋館は取り壊されたが、昭和五十三年に日本館部分の平屋の書院と三層の楼閣が、これを施工した名古屋の棟梁で高野山金剛峯寺金堂の再建にも携わった魚津弘吉の紹介で、名古屋市昭和区にある曹洞宗の龍興寺（名古屋市昭和区御器所三―一―二九）に移築され、愛知県の指定文化財となっている。内部は総欅造り、吊り天井などもある豪華なもの。建物は南西部に観月台を張り出し、周囲に縁側を廻しているところなど、京都の醍醐寺三宝院書院を模しているといわれる。西には三層の楼閣があり、宝庫として設計されたため、一、二層は鉄筋コンクリート造で耐火構造となっている。都ホテルのバーには、洋館のインテリアが一部移設されている。また、敷地内の約一八〇〇坪の日本庭園は、旧藤山邸の面影を今に残している。

邸内にあった茶室は、戦時中の昭和十九年に東条内閣打倒の密議が岡田啓介、米内光政、末次信正らを集めて行われたとの逸話が残る。同五十八年に大田区に寄贈され、区内の池上梅園（大田区池上二―二―一三）に「聴雨庵」と称して移築されている。

箱根強羅の別荘は、木造平屋建て、茅葺の日本家屋と洋館仕立ての食堂、応接室棟からなり、建築面積四三一平方メートル。昭和十九年に宗教法人世界救世教の創始者である岡田茂吉が買い取り、国登録有形文化財神山荘（足柄上郡箱根町強羅一三〇〇―九二）として現存する。

藤山工業図書館

雷太は、工業に関する最新の知識を研究者・実務家に提供する目的で、私財二百万円を投じて大正四年に財団法人を組織し、図書館建設を計画、竣工間際に関東大震災によっ

◉藤山工業図書館［慶應義塾福澤研究センター蔵］

て建物が全壊するという苦難を乗り越え、昭和二年、白金の自宅の隣接地の芝白金台町一丁目に藤山工業図書館を開館した。ロンドンのサイエンスミュージアムのライブラリーを範とし、単行本よりも最新情報を入手しやすい定期刊行物に重きを置き、毎月内外の約七百種近い新刊誌を購入し、加えて館内に「最新工業普及會」と称するインフォメーションセンターを置き、『最新工業文献摘録通信』を月四回発行し利用者の便を図るなど、当時としては先端的なサービスを実施していた。

　敷地約七〇〇坪、田中実設計の鉄筋コンクリート造り四階建て（一部五階）、延床面積六五〇余坪、閲覧席一〇〇、蔵書数五万数千冊の工業図書館は、雷太の没後、昭和十九年に愛一郎より義塾に寄付され、慶應義塾藤山工業図書館となった。日吉の工学部図書室が被災していたため工学部図書館として機能したが、戦後工学部が小金井に移転し利用が激減したため、愛一郎の同意を得て同三十二年に閉鎖され、明治生命保険相互会社に四五〇〇万円で売却された。跡地には現在、明治安田生命グループに所属する会員制スポーツジムのスパ白金がある。蔵書は工学部および日吉に移管された。

藤山記念館

　慶應義塾創立百年事業の一環で、昭和三十三年七月、日吉キャンパス第二校舎北側に、三菱地所設計、鹿島建設施工による、鉄筋コンクリート地下一階地上二階、延べ約五一〇坪、収蔵能力十万冊、閲覧席三六八の、日吉図書館が竣工した。建設資金は藤山工業図書館の売却費が充てら

◉藤山記念館［慶應義塾福澤研究センター蔵］

れた。
義塾は藤山の好意を長く記念するため、この図書館を「慶應義塾藤山記念日吉図書館」と命名し、翌三十四年十月二十二日に命名式を挙行した。式典後、二階の閲覧室で開かれた茶話会の席上、義塾評議員の秋山孝之輔が次のような回顧談を披露した。

「雷太氏がこの仕事（渋沢栄一に依頼された大日本製糖の立て直し）を成功させるには信頼に足る義塾出身者の協力を求めることが必要であると感じ、各方面の塾員に協力を求め、また社員に採用、自身が率先してこの整理にあたった。このため最初は十年間無配当を覚悟して整理したが、早くも二年後には五分の配当をするまでになった。ここにおいて株主及び関係者は大いに喜び、大正三年上半期の株主総会において、重役に対して二十万円の慰労金を贈ることになった。雷太氏はこの社運の回復は、熱誠を以って事に当ったとはいえ、時運の致すものであり、これを各自に配分することなく、公益事業に投ずべきであるとした。そしてこれを資金として翁の多年の宿題とした工業図書館の建設を決意したのであった。今日ここに、藤山記念図書館が出来上ったのは、全くこのような由来によるもので、翁をしのんで誠に感慨ふかいものがある。」（『三田評論』昭和三十四年二月号「藤山記念日吉図書館誕生」より引用、括弧内筆者補筆）

建設当初は三階部分の増築ができるよう計画・設計されたが、実現しなかった。藤山記念図書館は、昭和六十年春、慶應義塾創立一二五年事業で日吉新図書館（現日吉メディアセンター）の開館により、改修工事を経て慶應義塾藤山記念館と名称を変え、会議室、学生談話室、自習室など多面的に利用されるようになった。

［大澤輝嘉］

下田グラウンド

「下田」の由来

港北区下田町は、古くは橘樹《たちばな》郡駒ヶ橋村と称した。その名の由来としては、源頼朝がこの村を通過するとき、乗馬が急に走り出してようやく橋の辺りで止まったから、という説がある。明治二十二（一八八九）年に市町村制が施行され、矢上村、南加瀬村、鹿島田村、駒林村、箕輪村、小倉村と合併して日吉村大字駒ヶ橋となった。さらに、昭和十二年には横浜市に編入され、日吉村大字駒ヶ橋の区域に下田町が設けられた。由来は、江戸時代の検地において、「上田・中田・下田」の区分がなされており、この周辺は収穫の低い田である「下田」とされていたことによるといわれている。そして昭和五十九年に住居表示が施行され、下田町、日吉本町が新設された。

慶應義塾の進出

昭和八（一九三三）年、日吉に校地を入手した義塾は、校舎だけでなく、陸上競技場をはじめとする様々な体育施設を建設した。加えて、東横線の東側だけでなく、日吉駅西側一帯に広がる横浜市神奈川区下田町（現港北区下田町および日吉本町）の土地約一万九千八百坪余りを購入することを決め、同十三年九月二十日の評議員会で原案通りに可決した。翌々年の同十五年の秋、野球場とラグビー場が新設され、また翌十六年十月二十日には、日吉本町の普通部第二グラウンドの東隣の土地、現在外国人教員用宿舎であるネッスルハウスのある場所に体育会の寄宿舎（合宿所）として、野球部、蹴球部用の各一棟、ライトグリーンに外装された木造二階建て二棟延べ三〇八坪と、木造食堂一四四坪、その他の付属施設として応接室、ロッカールーム、総タイル張りの電気式湯沸かし器付きの浴場が両部共用で建築された。この寄宿舎の総工費一四九、三四六円の半分は各部のOB会である三田倶楽部(野球部)と黒黄会(蹴球部)の寄付で賄われた。

同じ十六年の三月に現在の地に整備されたホッケーグラウンドと、東横線脇の土地から移動してきたソッカー場も含めて、下田地区一帯の体育施設の充実が図られたのである。一方、時代は戦争へと一気に傾き、平和の証であるスポーツは、厳しい立場に追い込まれていく。

第二次世界大戦を経て

昭和十九年、文部省の余裕校舎貸与指示に従って、二月二十五日の評議員会を経て、日吉の予科校舎や寄宿舎などの施設について、かねて内談のあった海軍省と、十九年三月十日から翌二十年三月末を期限とする賃貸契約を結んだ。学生の勤労動員の強化にともない教室に余裕が生じると、これに対応して次第に使用坪数が拡大され、第一校舎には海軍軍令部と海軍建設部隊、寄宿舎には連合艦隊司令部が駐留し、地下には蜘蛛の巣のごとく縦横に堅牢な防空壕が構築された。また陸上競技場や下田の各グラウンドは獣医畜産専門学校の農園に転用された。

◉日吉の体育会合宿所。左手奥が野球部。［慶應義塾福澤研究センター蔵］

前述のとおり、寄宿舎が海軍に徴用されたので、やむなく義塾は、下田の体育会合宿所を一般塾生の寄宿舎に代用し、学生をここに移した。ところが翌二十年四月、海軍功績調査部長名をもって、この合宿所をも借用したいとの申し入れがあった。しかし義塾は、寄宿舎の重要性、ならびに、前の移転の際、ここは借用しないという了解があったことなどを理由に、この申し入れを断ったのである。

終戦後体育会合宿所は、引き続き一般塾生の寄宿舎として利用され、工学部や大学予科の事務室の用にも供された。

昭和二十三年四月に改修され、翌二十四年八月末のキティ台風により若干の被害があったが、まもなく旧に復した。また同二十五年には合宿所裏の、戦前から改廃申請中であった村道が廃止認可となって、横浜市から無償譲渡された。グラウンドも畑の畝を均して再びグラウンドとして整地され、加えて同二十五年にはソッカー防球金網工事が施された。

◉下田地区（昭和 40 年 3 月、『慶應義塾百年史 下巻』より）

戦後の建設ラッシュ

義塾創立一〇〇年記念事業の日吉記念館建設で、キャンパス内の五面のテニスコートを失った軟式庭球（現ソフトテニス）部が、同三十三年九月に、ホッケー場西奥にある現在の四面のコートを設けた。翌三十四年には軟式庭球部の木造平屋建ての合宿所三十坪余りと、女子更衣室六坪が三田軟式庭球倶楽部から寄贈された。さらに同四十三年九月十五日にはホッケー部創立六〇周年の最終事業として、軽量鉄筋コンクリート二階建て延べ三十四坪の更衣室（ロッカールーム）が、三田ホッケー倶楽部の寄付で完成した。同年十二月には、新たに軟式庭球部のプレハブ更衣室十五坪が三田軟式庭球倶楽部の寄付で竣工と建設ラッシュが続く。

『慶應義塾百年史』によると、昭和四十年三月現在、下田には以下の施設が存在した。野球場、蹴球場、庭球コート、ホッケー場、ソッカー場、バレーボールコート、ハンドボール場、寄宿舎（野球部、蹴球部用）、柔道部合宿所、水泳部合宿所、スキー部合宿所、軟式庭球部合宿所。また現在下田学生寮がある場所には、浴室、更衣室やグラウンド管理人宅などが点在した。

その後も各部施設の充実が図られ、昭和四十四年五月十八日にはコンクリートブロック積平屋五十二坪の合宿所が三田ソッカー倶楽部の寄付で竣工したのに続き、普通部第二グラウンド脇にあった野球部、蹴球部の合宿所が下田グラウンドへ移転された。同四十六年八月十八日に鉄筋コンクリート二階建て延べ二三〇坪の野球部合宿所と雨天投球場が、翌九月十四日には同じく鉄筋コンクリート二階建て延べ二二六坪の蹴球部合宿所が竣工した。両合宿所の総工費九五〇〇万円のうち、三田倶楽部と黒黄会がそれぞれ一五〇〇万円ずつ寄付金を集めた。これにより、応接室や食堂、浴場など両部の共用部分が多かった木造合宿所に比べ、快適な環境で合宿所生活を送ることができ、何より道路一つを隔ててグラウンドに出られるという好条件を得たのであった。

また昭和六十三年一月二十八日には、女子用の合宿所である「下田ハウス」が照井伊豆元体育会主事のご令室の寄贈により竣工した。

日本ラグビー蹴球発祥記念碑

ラグビーは一八九九年に、当時慶應義塾の大学部理財科英語教員であったクラーク(Edward Bramwell Clerke)によって日本に紹介されたといわれている。ケンブリッジ大学のラグビー選手であったクラークは、同じくケンブリッジで学んだ友人、田中銀之助を通訳兼コーチとして、慶應義塾の学生にラグビーを教え、晩夏から冬にかけて屋外で何もすることがなく退屈していた彼らに、「時間と天気を無駄にしないように」と指導した。その後ラグビーは京都の三高や同志社に伝わり、学校スポーツとして普及するようになった。この記念碑は昭和十八年、黒黄会によりラグビー場に設置された。グラウンドも平成十七年八月に人工芝化され、現在に至っている。

◉日本ラグビー蹴球発祥記念碑（慶應義塾広報室提供）

現在の下田グラウンド

日吉駅の東口から、サンヴァリエ日吉行きのバスに乗ると、五つめのバス停である「グランド前」で下車すると眼前に、ラグビー、サッカー、野球、ホッケーの下田グラウンド群が見える。その中で一番西奥にあるホッケーのグラウンドは、部創立八十五周年事業の一環として、平成四年三月、義塾の他部に先駆け、日本の大学では天理、法政に続き、三番目に人工芝化された。同じく三月に、ソフトテニス部の軽量鉄骨二階建て延べ六〇坪弱の合宿所が竣工するなど施設の充実が続いた。

義塾創立一五〇年記念事業の一環として、体育会学生用だけでなく、義塾の留学生受け入れの飛躍的増加を目指し、

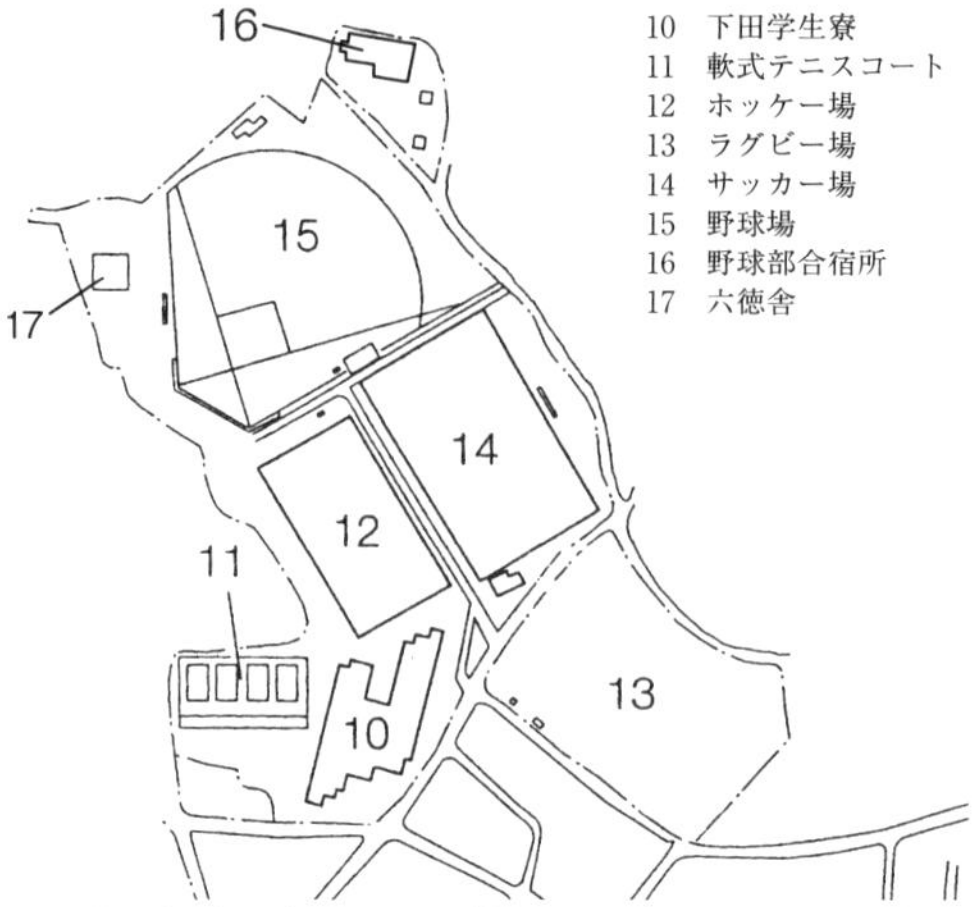

◉下田地区（平成 26 年 2 月現在、『慶應義塾史事典』より一部改変）

平成十八年四月、ソフトテニス部の合宿所や下田ハウスなどの施設があったところに、単身用一四八室を備えた複合寮施設である下田学生寮が建設された。敷地面積は約七六〇〇坪、建物は地上四階建て、延べ約三〇〇〇坪、一階部分が体育会共用スペースとなっており、下田地区を拠点に活動している体育会各クラブの部室、更衣室をはじめ、浴室、シャワー室、洗濯室、トレーニングルーム、ミーティングルーム、女子部員のための短期宿泊施設である下田ハウス、食堂、教員控室、ビジター更衣室、トイレなどの施設が設置されている。二階以上は宿舎施設で、体育会に所属する学生のための寄宿舎と主に日吉や矢上のキャンパスで学ぶ海外留学生のための寮になっている。

同じく、一五〇年事業の一環として、慶應義塾体育会の下田地区で活動する、野球、蹴球、ソッカー、グラウンドホッケー、ソフトテニスの五部による、地域の人々との交流を目的としたイベントである「桜スポーツフェスタ」が、二〇〇八年の春から毎春に開催されている。地域の人々への日頃の感謝の気持ちをこめて、交流を深める行事となっている。

平成二十年十月十六日には、柔道部の合宿所で、礼・仁・信・義・勇・知の六種類の徳を、柔道部生活を通じて身につけることを願って名づけられた「六徳舎」が竣工した。

［大澤輝嘉］

日吉キャンパスの遺構と施設

日吉キャンパスの施設と言えば、高等学校のある第一校舎と、大学の自然科学分野の研究室や教室がある第二校舎や陸上競技場が思い浮かぶ。本項では、日吉の遺構や施設にかかわるエピソードを紹介する。

日吉台の遺構

昭和五（一九三〇）年二月、義塾は日吉台に学校用地として約十二万坪を確保した。そのうち七万二千坪あまりが、東京横浜電鉄から寄付された土地であった。翌六年から開始されたキャンパス造営と並行して、文学部史学科による発掘が始まった。断続的に行われた調査で、それはキャンパス内に留まらず周辺にあった数個の古墳にも及び、後述するいくつかの遺構や出土品が発見された。

日吉一帯は、多摩川台地の末端に位置し、「日吉台」と呼ばれる洪積台地を含んでおり、弥生式土器片の存在も認められていた。そこで校地入手直後の昭和五年六月から文学部教授橋本増吉らによって調査が行われた。結果、縄文から平安期にかけての古墳、竪穴住居跡などが多数発見され、出土品も数多く得られ、この地がかつて弥生文化人の大聚落であったことが確認された。

第一期の住居発掘が行われた昭和七年は、あたかも義塾創立七十五年の祝祭と重なったので、その記念事業の一つとして三田史学会主催の「過去及び将来の日吉台」と称する展覧会が催され、出土品が塾監局二階の第二教員室で展示され広く一般に公開された。また、第二期発掘の行われた昭和十一年には、塾長小泉信三がハーバード大学創立三百年の式典に招かれて渡米したので、竪穴住居跡の石膏模型と日吉台出土の土器、石器の一部を持参し、同大学に寄贈した。

昭和十一年から行われた三田史学会の調査により、一九四一年までに日吉キャンパス内で約六〇基の弥生式竪穴住居跡が確認された。そのうち、寄宿舎に向かう道沿いで高等学校グラウンド脇を通り過ぎた付近に位置する五基

◉日吉完成予想図［慶應義塾福澤研究センター蔵］

の住居址を固めて保存することとし、学界初の試みとしてこれをコンクリートで固め、上に塗料を入れたモルタルを塗り、保存、展示している。床上の穴は柱穴で、当時の住民はこの上に掘っ立て小屋を作り居住していた。住居跡からは、弥生式系統に属する壺、椀、台付き皿などの土器破片も多く発見された。

昭和十一年から、キャンパス周辺における五個の古墳の発掘が開始された。私学として初めてとなるこの調査は、発掘前はさして大きな期待をかけられず、わずかに多摩川右岸の古代文化相を明らかにする点に主眼が置かれていたに過ぎなかったが、意外にも関東地方としては希に見る優秀な遺物が次々と出土した。具体的には、矢上古墳から、大型の銅鏡二面、ヒスイの勾玉五個をはじめとして、鉄剣、竹櫛や、千七百を越えるガラスやコハク製の勾玉、丸玉が発見された。これらは、昭和十五年五月に一括して国宝に指定された。これが義塾の所蔵物が国宝に指定された最初のことであった。これらの国宝は、昭和二十五年五月公布された文化財保護法により重要文化財に再指定された。

国宝「秋草文壺」

義塾校地から南方約一キロメートルにある川崎市幸区南

◉国宝「秋草文壺」

加瀬に加瀬山と呼ばれる独立の小丘陵にあった、長さ八十七メートルに及ぶ前方後円墳の白山古墳の後円部直下からは、昭和十七年四月に「秋草文壺」が、火葬骨を納めたままで発見された。粘土を敷いて川原石を積んだ遺構内から出土したこの壺は、高さ四〇・五センチメートル、口径一七・六センチメートル、底径一四・二センチメートルの大型のもので、素地は灰白色の砂質の粘土で、これを紐巻き上げに成型してあり、ラッパ口で肩の張った堂々たる形をしている。肩の部分には厚くオリーブ色の自然釉《しぜんゆう》がかかり、これが胴に五条流れ落ちている。

この壺をさらに特徴づけているのは頚《けい》と胴とに刻まれている文様であって、ススキやウリ、柳などの植物と、トンボや規矩文《きくもん》をへら描きによって、力強く流麗に描いてある。これが平安王朝貴族の美意識に通じるものがあり、この壺を秋草文の壺と呼ぶ由縁となっている。また文様とは別に、口辺部に「上」の文字が刻んであり、この壺が何か特別の目的で作られていることを示している。

発見以来学者の注目の的となり研究が加えられたが、詳細は未だ不明で、平安時代末期の陶器史上空白に近い部分を埋めるものとして高く評価されている。昭和二十四年二月に国宝に指定され、その後、前述の昭和二十五年公布の文化財保護法により、同二十八年三月に陶磁器部門の新国宝指定の第一号となった。その産地についてはいくつかの説があり、瀬戸・常滑・信楽・丹波・越前・備前のいわゆる日本六古窯のうち、常滑焼に一番近似していると言われていたが、最近は渥美焼の代表作とする説もある。

産地についての議論はともかくとして、この壺が日本陶磁史上極めて貴重な遺品であることには間違いなく、これがいち早く新国宝に指定された所以《ゆえん》である。現在は東京国立博物館に寄託されている。

◉日吉第一校舎（昭和九年）［慶應義塾福澤研究センター蔵］

第一校舎・第二校舎

昭和九年三月に第一期工事の中核として、第一校舎が、曾禰中條建築事務所の設計により、着工後一年あまりを経て竣工した。鉄筋コンクリート地上四階建て（一部地下一階）、延べ床面積一一、九二八平方メートルの巨大な建造物である。建物西側にある杯型のオブジェの側面には、日本列島を中心とする世界地図が描かれ、その上の建物の外壁面にはその竣工年を示す、西暦「１９３４」と皇紀「２５９４」年の数字が並んで刻まれているのが、世相を表している。同年五月には、医学部を除く文・経済・法の文系三学部の新入生約一千名が収容され、予科の授業が開始された。この第一校舎の建築をはじめ日吉建設全般を通じて構内の風致には格別の考慮が払われ、並木や群植による植樹、採水設備、街灯、ベンチの設置など、各所に細心の工夫が施された。

引き続き翌昭和十年三月に、医学部予科教室および図書室から成る第二校舎を主とする二期工事がはじめられた。大正七（一九一八）年の竣工以来、主として医学部予科の物理、化学および動植物学の実験室として使用されていた三田の木造二階建て校舎が、昭和九年十月十五日午後出火し、建物の階上を焼失した。実験室のドラフトに割れ目が生じたことが原因であったが、これに対する本格的な対策として、第二校舎の新築を前倒ししたのである。

第一校舎と同じ曾禰中條建築事務所の設計により、清水組が工事を請け負って約一年の工期を経て、地上三階（一部四階）地下一階建て、延べ床面積四、八〇〇平方メートルの校舎が同十一年二月に竣工し、四月の新学期から使用を開始した。これによって、同年度から大学予科全部の授業が日吉で行われるようになったのである。中央広場に向かい、第一校舎と同様の柱廊を有し、当初の計画では、将来正面に建設を予定していた大講堂の表側入口の柱廊と相俟って、日吉駅から銀杏並木を上がった先のこの広場を三校舎の柱の列で囲む美しい階調を形作るよう配慮されたが、時局の切迫から大講堂の建設は見送られ、戦後の昭和三十三年、その予定地に義塾創立百周年を記念した、日吉記念館が建設された。

第二校舎には、普通教室の他、科学系の特別教室および各種研究室などが設置された。特筆すべきは、それまで第一校舎の一〇九番教室を使用していた図書室が、第二校舎の西北側(日吉駅側)の一階全てに、書庫と読書室という形で移設されたことである。戦後の昭和三十三年に藤山記念日吉図書館が完成するまで、図書館日吉分室として使用された。

太平洋戦争中の昭和十九年三月、戦局の悪化に伴い、高台という立地条件から、第一校舎は海軍軍令部・建設部隊に貸与され、終戦後の同二十年九月には、第一、第二校舎を含む日吉キャンパス全体が米軍に接収された。四年後の同二十四年十月になって義塾に返還され、第一校舎は現在に至るまで高等学校の校舎となり、第二校舎は医学部予科校舎に復した後、大学自然科学教室として使用されている。

陸上競技場

陸上競技場は日吉キャンパス開設時にテニスコートと同時に整備され、昭和九年五月二十三日に開場式が挙行された。第一校舎の西側窪地に一万八千平方メートル、南北約一七三メートル、東西約一〇〇メートルの楕円形で、一周四〇〇メートルのトラックとフィールドが設置された。外周を緩い傾斜の芝生で囲み、東西の中央には幅五六メートルの雛壇式コンクリート製のスタンドがあり、約三千名の観衆が収容できた。

平成二十年、義塾創立一五〇年記念事業のひとつとして、陸上競技場の全天候化工事が完成し、九月十五日には日本陸上競技連盟による公認検定が行われ、第四種公認競技場として新たなスタートを切った。

［大澤輝嘉］

理工学部キャンパスの変遷

理工学部は平成二十六年に創立七十五年を迎えた。現在、学部の一、二年生は日吉キャンパス、三年生〜大学院生は矢上キャンパスで学問、研究に励んでいるが、そのキャンパスは工学部時代に様々な移転を経て今に至っている。

前身の日吉・藤原工業大学開校

昭和十四（一九三九）年六月十七日、製紙王と呼ばれた実業家藤原銀次郎の古希の誕生日に、藤原工業大学（機械工学科・電気工学科・応用化学科）が竣工間もない日吉キャンパスに開校した。開校当初使用した校舎は、七月に義塾の各学部が夏休みに入って空いた第一校舎（現義塾高等学校校舎）であった。その間に、三田の木造校舎を、現在の日吉塾生会館付近に移築して予科の授業が始まった。同十八年十一月には、学部仮校舎が、現在の日吉図書館、第四・五・六校舎付近に竣工した。

第一期生一二六名が卒業した昭和十九年に、塾長小泉信三との約束通り慶應義塾大学工学部となったが、戦局の悪化から同二十年二月には本格的な疎開の準備を余儀なくされた。同年四月十五日夜半から翌十六日未明に、日吉台はアメリカ軍の空襲にさらされ、予科校舎が全焼し、学部仮校舎は、応用化学科専用の二棟と機械工学科専用の四棟を残し、約八割が灰燼と化してしまった。電気工学科・応用化学科は福井市郊外へ、機械工学科は宮城県多賀城へ疎開の憂き目を見ることとなった。

疎開先・福井、多賀城

昭和二十年四月、海軍艦政本部から、機械工学科の工作機械六一台、器具一八〇台、工具類四二九七点を、宮城県

にあった多賀城海軍工廠に無償貸与するよう要請があり、これらの機材を五～七月の間に発送したことに伴い、機械工学科学生もまた、六月中旬に多賀城海軍工廠に移り、そこで授業を続けることになった。しかし、結局は終戦までの約二カ月間、勤労動員の形式がとられ、授業の成果をあげ得なかった。工廠とは、艦船や飛行機兵器、弾薬の開発、製造を行う軍需工場のことで、多賀城海軍工廠は、旧多賀城村の四分の一に当たる五百ヘクタールを占め、零式艦上戦闘機（ゼロ戦）用機銃や、爆弾などを製造していた。

◉創立当時の藤原工業大学［慶應義塾福澤研究センター蔵］

その後、終戦に伴い閉廠、占領期には進駐軍の駐屯地「キャンプ・ローパー」（Camp Loper）として使用された。現在、工廠跡地は陸上自衛隊多賀城駐屯地になっているほか、東北学院大学の多賀城キャンパスや、昭和四十六年に開港した仙台港の臨海工業地区になっている。往時を偲ぶものは、宮城県、仙台市、日本国有鉄道などの出資により設立された貨物専業の鉄道会社である仙台臨海鉄道が運営する、仙台臨海鉄道臨海本線の線路が軍工廠専用引込線の路盤の一部を用いているのみである。

一方、電気工学科・応用化学科の塾生は、元教授池辺常刀の斡旋で、昭和二十年五月下旬から順次、福井県福井市花堂（現花堂中二―十五―一）の酒伊通信工業株式会社の寄宿舎に収容された。六月には器材類を積んだ貨車三十両が到着し、講義や実習のため工場内部の模様替えなどが完了し、一カ月程度授業や実験を行ったが、その直後に終戦となり、学生は八月十八～九日ごろ帰京した。

塾生が疎開した当時は、酒伊通信工業という社名であったが、元々は、明治二十四年、初代酒井伊四郎が鯖江市に創業した酒井商店を起源とする酒伊繊維工業という織物会社であった。昭和十八年の商工次官通牒により二百坪以上の織物工場は軍需工場への転用方針が打ち出されたことを受け、富士通通信機製造株式会社の技術指導を受ける契約を締結し、酒伊通信工業と改称し、織布工場を航空機用および海軍用通信機生産にあてていた。酒伊繊維工業は、サカイオーベックス株式会社と社名を変え、繊維製品およびアパレルの製造、販売などを行う企業として営業を続けている。

終戦後の仮校舎、目黒・溝ノ口

◉溝ノ口仮校舎［慶應義塾福澤研究センター蔵］

終戦後の九月、米軍が日吉キャンパスを接収したため、本拠地を失った工学部は、以後仮校地を求めて転々とすることとなる。予科生は、川崎の陸軍施設跡に設けた登戸仮校舎や、麻布の夜間学校の校舎を日中だけ借りた三ノ橋仮校舎などに分散して再出発した。

工学部は、谷村豊太郎工学部長の努力で、目黒区三田十三番地所在（現目黒区中目黒二―二）の旧海軍技術研究所の建物の一部を仮校舎として借り受け、十月初旬から授業を開始した。しかし、借用した建物は所内の実験心理研究部の木造二階建て二棟だけで、期間も十月八日以降当分の間ということであった。加えて間もなく厚生省の医療局が同居を始め、他の機関も食指を伸ばしつつあった。それでも、とにかく引き続いて同所内の他の建物二千坪の使用をさらに申請し、翌二十一年四月には五棟の使用を許可されたが、オーストラリア軍の進駐が決まり、八月までの退去を要求された。海軍技術研究所跡は、現在防衛省技術研究本部艦艇装備研究所となり、本館建物や附属建物、軍艦旗掲揚塔基部などが残っている。

目黒からの移転を余儀なくされた工学部は、昭和二十一年六月、川崎市久本鴨居町二九〇番地所在（現川崎市高津区久本二丁目、および末長）の旧日本光学工業の川崎工場内の官有工場一部ならびに研究所を借用して仮校舎にあてることになった。溝ノ口仮校舎と呼ばれた施設は、事務室、教授室にあてられた二階建て一棟をはじめ、機械工学、電気工学、応用化学、各学科専用の木造校舎二棟の計六棟、他に機械工学科、電気工学科の実験実習場用の鉄筋建造物も確保できた。土地一万千坪余、建物五千数百坪に及び、規模としては充分で、また応用化学科に欠くことのできないガス発生装置や水道、実験台も整備され、三田との連絡も便利であった。しかし、空襲による破損個所が多く、商工省資源局、洗足高等女学校、多摩美術学校などが同じ敷地に雑居し、約三年間に及んだ教育・研究環境は良好とはいえなかった。旧日本光学工場の跡地は昭和二十二年ごろから約十七の機関に分割され、現在は洗足学園や川崎北税務署、富士通ゼネラルや日本電気の工場がある。

当時検討されていた工学部キャンパスの候補地は、次の三カ所であった。このまま溝ノ口に残る、松永安左エ門から寄贈された、埼玉県北足立郡志木町所在の東邦産業研究所跡地に移転する、東京都北多摩郡小金井町の横河電機の工場跡への移転の三案が、校舎移転問題委員会で検討された結果、小金井への移転が決まった。この間、学業の中断を来たさないよう、東京大学工学部、東京工業大学などと折衝して教室や実験室の一時使用を認めてもらったり、また藤山工業図書館で臨時の授業を行ったり、あるいは外来講師に依頼して通信による授業を行ったりした。

新制大学工学部発足、小金井

昭和二十三年、東京都北多摩郡小金井町（現小金井市前原町、府中市浅間町）の横河電機製作所工場跡を取得し、隣接する運動場を転借し、約六万平方メートルの校地を得た。翌二十四年三月に溝ノ口仮校舎から移転し、四月から新制大学発足と共に新天地でスタートを切った。トラックの運転や積み荷の上げ下ろしなどの輸送業務の三分の一が、塾生だけの手で行われた。建物はすべて旧工場であったため、

◉小金井校舎正門［慶應義塾福澤研究センター蔵］

学校用に改築された。当時の丹羽重光《しげてる》工学部長は、防空壕が掘られた広場を整備してグラウンドにするため、自ら塾生と共にローラーを引いたという。

ただ、応用化学科の教室として予定されていた二階建て鉄筋コンクリートの建物は、損傷が著しく復旧に多額の経費を要するので、第一次修築工事から除外し、同科の内分析化学実験室のみを小金井に設け、他は、前述の志木の東邦産業研究所跡地に移転し、工学部志木分室とすることになった。また移転の年は工学部創立十周年にあたり、記念行事・式典が開催された。丹羽学部長は、式典で「慶應工学部がこの後更に十年もこのままの状況で小金井に留まるならば、工学部は潰したほうがよい」と語った。その言葉は、小金井に落ち着いてほっとした教職員に、さらなる発展への意志を沸き立たせた。

小金井校舎は工場跡を転用した不便な校舎であったが、工学部の塾生と教職員は、高度成長を背景に技術革新と情報革命が叫ばれていたこの時代に、未来を求めて勉学と研究に打ち込んだ。昭和二十六年には新制大学院工学研究科が設置され、同三十二年に計測工学科が、同三十四年には管理工学科が創設され、五学科体制となった。管理工学科の校舎は、工学部キャンパスと小金井街道を挟んで西側の、塾員萩原吉太郎が経営する北海道炭礦汽船の所有地の寄贈を含む土地に建てられた。

一方で、一般教養課程（当時は一年間）が日吉であったことや、工場跡を転用した校舎では技術進歩に対応できないことから、工学部創立三十年を期に日吉復帰を、と望む声が年々高まり、昭和十五（一九四〇）年七月に工学部の本科校舎を建設するために購入していた、日吉台北東に位置する矢上台への移転が検討された。この土地は、戦後、高等学校の移転を考えた高等学校長寺尾琢磨が進駐軍のブルドーザーを借用して既に整地しており、当時は野球部や自動車部の練習場になっていた。

昭和四十三年五月の評議員会で日吉矢上台への移転が承認され、同四十六年から移転を開始し、翌四十七年三月に完了した。工学部移転後、跡地の一部は小金井グラウンドとして学生や地域住民が使用していたが、平成三年までに全て売却され、校舎跡地にはマンションが建ち、敷地南東のグラウンド跡地は墓地になっている。バス停の名前も「慶大グラウンド」から「交番西」に変わり、往時を偲ぶものは残っていない。

［大澤輝嘉］

藤原銀次郎と理工学部

慶應義塾に学ぶ

塾の理工学部の礎を造り、「製紙王」と呼ばれた藤原銀次郎は、明治二(一八六九)年六月十七日、長野県上水内郡安茂里村平柴(現長野市平柴)に藤原茂兵衛の三男として生まれた。父茂兵衛は農業のかたわら、藍問屋を営み安茂里村一番の財産家といわれた。長野市街地の西にある旭山へ続く道の途中、視界の広がるカーブ脇の広場に、昭和三十一(一九五六)年、頌徳碑として藤原の生前に、背面に業績を称えた碑文を刻んだ、藤原道祖神が建立された。開眼式で藤原は、「善光寺の御上人様に開眼していたゞき、お話を承はって、生き乍ら神様にさせていただきました。」と挨拶した。ここから犀川を中心とした長野市中南部の夜景が眺望できる。

十六歳のとき医者になることを目的に上京したが、同郷で慶應義塾の先輩に当たる鈴木梅《うめ》四郎《しろう》の勧めで、医学の道には進まず福澤諭吉門下となった。「福澤先生から我々の受けた薫陶は、独立自尊の強い意志を貫き通す士魂商才で、理屈よりは実行、官途に身を立てるよりは実業につくことであった。」(『世渡り九十年』)と本人が語っている。

実業界に進出

明治二十二年義塾を卒業し、松江新報に入社、主筆となる。しかし松江新報が経営不振に陥り解散寸前となったため、藤原は申し出て会社を引き受け社長兼主筆となるが、新聞用紙の調達に苦心し、結局経営に行き詰まり新聞記者を辞めて帰京した。後年藤原はこのときの苦境を、「世の中に貧乏ほど苦しくつらいものはない。世の中は決して子供のときに考えていたほど、のんきな、甘いものではないと、心の底から痛感させられたのでした。」（『福澤諭吉人生の言葉』）と振り返っている。

同二十八年、鈴木の勧めで、三井銀行に入社する。同期には後に蔵相となる池田成彬がいる。大津支店を皮切りに、東京深川出張所長となり営業成績を上げる。同三十年には、三井が経営する富岡製糸場支配人となり、工員の賃金を出来高払い制にして工員間の不満解消に努めた。

同三十一年、王子製紙で経営陣の対立からストライキが起こると、臨時支配人に就任。富士製紙からの熟練工引き抜きや古参社員の重視などでストライキを収めた。同四十四年には、王子製紙専務に就任。当時の王子製紙は経営不振で赤字続きであった。藤原は三井物産時代の部下であった高島菊次郎、足立正などを登用し、さらに社内の人材発掘に努めた。欧米の機械製造会社と特別契約を結び機械の購入の代替として王子製紙の海外研修生に対する見学・視察を認めさせた。また、静岡気田、中部両工場を閉鎖し、苫小牧、王子両工場を生産拠点とした。この時には三井銀行から資金を一切調達せず、紙問屋に対して実情を訴え、手形決済を早くすることで資金を得、苫小牧工場の増設と六〇パーセントの増資を実現した。藤原は社員教育にも力を入れ、工場の火災予防を推進した。苫小牧市船見町にある王子製紙社宅の横の公園には、藤原の胸像がある。

昭和四（一九二九）年、貴族院議員に勅選される。同八年、王子製紙、富士製紙、樺太工業の三社合併を実現し、資本金一億五千万円、国内シェア九〇パーセントを持つ巨大製紙企業を出現せしめた。藤原は新生王子製紙の社長に就任し、「製紙王」の異名を取るようになったのである。

藤原工業大学開校・義塾工学部誕生

昭和十三（一九三八）年、私財八百万円を投じて、人材育成を目指して日吉キャンパスに藤原工業大学を設立した。当時の慶應義塾では医学部に続いて工学部を設置したいというのが年来の課題となっていたのであるが、昭和十三年六月に藤原は当時の塾長小泉信三と交詢社で会見し、次のような趣旨の申し出をしたという。「自分が製紙業界でなすべきことは、すでになし了えた、この上はそれによって積み得た私財を工業教育のことに捧げたい。かくして創立された工業大学は、完成の暁にはそのすべてを挙げて母校である慶應義塾に寄附する所存であるから、その塾長である君（小泉）は、塾の正式同意を得てその大学々長に就任してもらえまいか。」（小泉信三「藤原銀次郎翁をいたむ」、『産経新聞』昭和三十五年三月十八日朝刊）。その後、十数度の会談を経て、両者は学制・教職員問題・建設地などについて相談し、結果、合併を考慮して学部校舎の建設地は日吉の近くの矢上台とする、制服や教員人事なども慶應義塾大学と同等または共通とする、などの詳細が決定されていった。また、教育方針として、「基礎に重点を置いた工学教育」、「人間性の確立を目指す教養教育」、「国際交流などに役立つ語学教育」を掲げることとした。後の二項目は、藤原の思想から来たものだが、元々藤原は、工場などで実地にすぐ役立つ工業教育を考えていた。しかし、小泉や後に就任する谷村豊太郎初代工学部長の「すぐ役立つ者はすぐに役立たなくなる」という基礎教育重視の考えを受け入れ、一項目も掲げられた。更に藤原は、「工場は大学の実験室であり、大学は工場の実験室である、この思想で進みたい」（「藤原工業大學の理想」『三田評論』昭和十四年七月号所収）と、産学協同の推進も図ろうとした。

　藤原工業大学は、機械工学科・電気工学科・応用化学科の三学科からなる、大学予科二年・本科三年の五年制で、私立大学としては初となる工業単科大学であった。開校式は藤原の七十歳の誕生日、同十四年六月十七日であった。平成二十六年三月に、開校七十五年を記念して日吉キャンパス塾生会館脇に「藤原工業大学開校の地」記念碑が建てられた（口絵参照）。

　第一期生一二六名が卒業した同十九年に、小泉との約束通り慶應義塾大学工学部となったが、戦局の悪化から同二十年二月には本格的な疎開の準備を余儀なくされた。同年四月十五日夜半から未明に、日吉台はアメリカ軍の空襲にさらされ、予科校舎（現日吉塾生会館付近）が全焼し、学部仮校舎（現日吉図書館、第四・五・六校舎付近）は約八割が灰燼と化してしまった。電気工学科・応用化学は福井市郊外へ、機械工学科は宮城県多賀城へ疎開の憂き目を見た。加えて戦後、日吉キャンパスが米軍に接収されたため、登戸、目黒、溝ノ口の仮校舎を転々としながら、細々とではあるが義塾の工学教育の灯を守り続けたが、工学部の戦後処理は困難を極めた。

戦中・戦後の藤原

　藤原は、昭和十五年の米内内閣の商工大臣就任を皮切りに、勅命行政監察使、東条内閣の国務大臣、小磯内閣の軍需大臣などを歴任した。従って戦後、ＧＨＱからＡ級戦犯の容疑を受けるが、私財を全て投げ打って工業大学を設立し、植林活動なども手がけ、生活は極めて質素であったことなどが評価され、半年で戦犯容疑は解除された。同三十四年には、数え九十歳を記念して藤原科学財団を設立、同財団に一億円を寄付し、科学技術の発展に卓越した貢献をした科学者を顕彰する「藤原賞」を設けた。

晩年の藤原は、港区白金今里町にあった邸宅で静かな余生を送ったという。昭和三十五年九十歳にて逝去。戒名は、暁雲院釈顕徳。墓所は、東京都杉並区永福にある築地本願寺和田堀廟所。邸宅地は東南部分を残し住宅公団に譲渡され、同三十八年に公団芝白金団地となり、残りも民間集合住宅となり現在に至っている。

矢上キャンパス・理工学部へ

工学部の矢上への移転（昭和四十七年完了）と並行して検討されていたのが、理工学部設立であった。学部内・塾内での綿密な設立準備の末、昭和五十六年に、物理学科、化学科を新設し、理工学部への改組が実現した。平成八年、既存学科の改組も含めた組織改革を実施し、続いて同十二年、大学院理工学研究科も分野横断型の三専攻に改組、新校舎「創想館」が竣工した。

矢上キャンパスには二つの藤原の胸像がある。一つは昭和二十五年の国方林三の制作によるもので、現在は25棟学事課南側の広場にある。創想館建設前は、図書館脇の池前にあり、その池に就職が決まった塾生を投げ込む慣わしがあった。塾当局はその度に、「抛り込み禁止」、あるいは「池に入ること禁止」の掲示をしていた。もう一つは朝倉文夫作で王子製紙から同三十一年に寄贈され、職員談話室にあったが、平成十八年、創想館入口ホールに移設された。

［大澤輝嘉］

◉矢上キャンパスに残る藤原銀次郎胸像（左：朝倉文夫作、右：国方林三作）

北里柴三郎と北里記念医学図書館

六月には信濃町キャンパスの北里記念医学図書館の二階にある北里講堂において北里記念式が開催されている。初代医学部長北里柴三郎の命日の前後に挙行される式で、塾長、医学部長、三四会（医学部同窓会）長、北里家代表の挨拶等からなる記念式に引き続き、北里賞と北島賞の授賞式、更に受賞者による講演が行われる。北里賞は北里生誕百年に当たる昭和二十七（一九五二）年に、北島賞は、北里を良く助け、そして二代目の医学部長を務めた北島多一を記念して三十三年にはじまり、今日まで三四会員にとって最も権威のある賞になっている。

北里記念医学図書館

北里講堂が入っている建物、北里記念医学図書館は、慶應義塾創立一二五年の記念事業で建てられた二号館、医学部開設百年に合わせて建設の一号館など病院部分から道を挟んだ裏手にある。

慶應義塾の図書館部門がその組織を改組した際に、各図書館の組織名も、情報センター、メディアセンターと改められ、この図書館も、昭和四十六年に医学情報センター、平成五年に医学メディアセンターと改称された。そして、平成十二年には、信濃町メディアセンターと改められて今日に至っている。

しかし、今日でも、「信濃町メディアセンター（北里記念医学図書館）」と表記され、医学部や看護医療学部の学生や教職員も、以前と変わりなく「北里図書館」と親しみを込めて呼んでいる。このような名称が今日まで大切にされてきたのはどのような事情によるのであろうか。

北里は昭和六（一九三一）年六月十三日に没した。それから三年経った昭和九年、その追慕の念から、博士を記念する医学図書館を建設するために、北里博士記念医学図書館建設会が作られた。そして、二千六百余名、総額約三十万円の寄付によって建てられたのがこの図書館（昭和十二年十月竣工）である。

募金活動がはじまって間もない十年の三月一日付で、北里博士記念医学図書館建設会会長山本達雄と慶應義塾塾長小泉信三の両者の間に覚書が交わされた。その覚書は、図書館の名称の歴史的意義だけでなく、その性質を良く示すものであるので、全文を紹介したい。

◉北里記念医学図書館外観［慶應義塾福澤研究センター蔵］

北里博士記念医学図書館に関する覚書

北里博士記念医学図書館の経営に就ては博士と最も縁故ある慶應義塾に左の条件を以て其管理及経営一切を委託すること

一、慶應義塾は図書館の敷地として適当なる土地を無料にて提供すること
二、図書館の建築落成し図書の備付を了し其引渡を為したる後に於ては其管理及経営に関する一切の費用は慶應義塾に於て負担すること
三、北里博士記念医学図書館の名は永久に保存すること
四、医学者一般に之を利用せしむること
五、醵金者に対し図書閲覧等に付優遇の方法を講ずること

右予め協定致置度此覚書を作成するものなり

昭和十年三月一日

北里博士記念医学図書館建設会会長　山本達雄

慶應義塾塾長　小泉信三

この覚書の「北里博士記念医学図書館の名は永久に保存

することが」が今日まで守られているのである。因みに、次の項の「医学者一般に」広く利用できるようにというのは、同図書館の特色で、開館当初から今日に至るまで、学外の医学者にも広く開放されてきた。特に、今日のようにどこの大学にいても、電子化された論文をインターネット上で見られるようになる前は、洋雑誌の収蔵でも群を抜いていたこの図書館は、学内外の医学研究者に広く重宝されていた。

図書館建設会の会長山本達雄は、日本銀行総裁、大蔵大臣等を務めた実業家、政治家で、当時義塾評議員会議長を務めていた。また、副会長には小泉の前の塾長であった林毅陸、顧問には、義塾の長老の一人として尊敬されていた門野幾之進らの名前が見える。また、実行委員長は、医学部長北島多一であった。慶應義塾が医学部を設立するに当たっては、北里柴三郎が福澤諭吉への報恩の念で尽力した。そして、初代の医学部長に就任し、後述の北里研究所を中心とする門下生を教授陣に、その基礎を整えた。それだけに、その北里を記念する図書館には、医学部関係者に留まらず、義塾社中の人たちが広く協力したのであった。

なお、図書館の正面玄関を入ると、北里の胸像がある。また、二階には北里講堂等がある。

◉北里柴三郎胸像

土筆《つくし》ヶ《が》岡《おか》養生園と北里柴三郎記念室

そもそも、北里が福澤諭吉と出会ったのは、北里がドイツで破傷風やジフテリアの血清療法を開発して帰国した明治二十五（一八九二）年である。不遇の身にあった北里を案じて適塾以来の親友長与専斎が先生に相談をしてきたのがきっかけである。福澤は、早速に、いずれ子供たちのためにと用意していた芝公園の借地に北里を所長とする伝染病研究所を設立したのであった。伝染病研究所はその後、場所を愛宕下、白金台へと移転しながら発展していたが、大正三（一九一四）年十月、内務省所管になっていた研究所を政府は文部省に移管し東京帝国大学に附属させると一方的に発表した。その方針に納得できなかった北里だけでなく所員一同は総辞職する。そして、自力で同年十一月に設立したのが北里研究所である。

福澤歿後のことではあるが、すぐに自力で研究所を作ることが出来たのも、福澤の力が大きい。白金三光町の研究所の敷地は、福澤が自身の所有していた土地を提供したものであって、そこに、明治二十六年から、結核患者の治療施設である土筆ヶ岡養生園があった。これは、結核の治療剤として当初期待されたツベルクリンが恩師コッホのもとで開発されたこともあって、北里を慕って患者が集まって来た。そこで福澤、長与らと相談して設立したものであった。しかも、福澤は、研究所が三十二年に内務省の所管になるに当たっては、研究所の全事業が北里の指揮監督の下にあるのであれば支障は無いが、政府の考えが変わった時のために、養生園での収益を貯蓄するように勧めていた。この地所と蓄えがあって可能になった独立であった。

今日、この白金三光町の土地には、北里研究所病院と、北里研究所が母体となって設立された北里大学の施設がある。その点では、この敷地全体も、福澤先生と北里の交流を示す史跡でもあるが、バス通りから入ってすぐにある建物の一階には、北里柴三郎記念室が置かれ一般公開されている。北里の生涯を知ることのできる展示室で、そこには、北里の生い立ち、ベルリン留学の足跡、帰国後の活動、等がわかる展示である。愛用の顕微鏡、イニシャルの刻まれたウィスキー入れ、等の遺品もあり、ささやかではあるが、北里を偲ぶことができる。

コッホ・北里神社

この記念室が入っている建物のすぐ近くには、小さな庭がある。そこにはコッホ・北里神社があり、コッホ手植えの月桂樹とその石碑、コッホ手植えの杉とその石碑もある。北里はドイツ留学時代、病原微生物学研究で有名なローベ

◉コッホ来日時に撮影（『北里柴三郎傳』より）

◉コッホ・北里神社

ルト・コッホに師事したが、北里は生涯コッホへの報恩の気持ちが篤かった。それだけに、明治四十一年コッホ夫妻が来日した折には、北里は常に寄り添い各所を案内した。整髪時には、床屋にこっそりと頼んで、切られた髪を貰う程であった。それから二年後、コッホの訃報に接した北里は、研究所の一角にその遺髪を神体として祠堂を作り、師を偲ぶことにした。勿論、伝染病研究所を辞して北里研究所を創った時には、コッホ来日時に記念に植えた月桂樹、杉と共に大切に移した。

　昭和六年、北里が逝去した時には、今度はその門下生達が祠の隣に、北里を記念する祠を建てた。これは、昭和二十年五月の空襲で焼失したが、焼失を免れたコッホの祠に合祀したので、今日コッホ・北里神社と呼ばれているのである。

　北里の足跡を偲ぶ史跡は、他にも国内外に存在する。北里の生地、熊本県小国町には、北里柴三郎記念館があり、生家の一部と、郷里の青少年の為にと私財で贈った図書館・北里文庫等が保存されている。

　愛知県犬山の明治村には、北里研究所を創設してすぐの大正四年に建てられた北里研究所本館が保存されている。

　芝公園脇、御成門の交差点の所には、「伝染病研究所発祥の地」の石碑があるが、その経緯を知る時、その説明板の末尾に、北里研究所と共に東京大学医科学研究所の名前が記されているのを見て、複雑な気持ちになるのは私だけであろうか。

［山内慶太］

予防医学校舎と食研

空襲の痕跡

信濃町キャンパスでは、平成二十九年の医学部創立百年を機に、新病棟等の建設が進んでいる。大きく様相が変わるキャンパスに、戦前からの建物が残っている。

近年までは、病院部分の裏手に、鉄筋コンクリート造りの戦前からの建物が、左手から別館（昭和七年竣工）、北里記念医学図書館（同九年竣工）、予防医学校舎（同四年竣工）と並んでいた。別館は平成二十年に閉じて跡地に予防医療センター等の入る三号館が建てられたので、二つだけになった。本項では予防医学校舎を訪ねたいと思う。

予防医学の原点

北里図書館の右側に、玄関車寄せの屋根に「慶應義塾大學豫防醫學教室」と旧字体の文字が貼られた建物がある。今日、予防医学校舎と称されている地上四階地下一階からなる堅牢な建物は、信濃町キャンパスの鉄筋コンクリートの建物としては、後述の食養研究所に次ぐ二番目のものであった。設計は、三田の図書館旧館、第一校舎、日吉の第一校舎、第二校舎と同様に曽禰中條建築事務所である。

総工費は付帯設備を含めて三十九万九千円であったが、その大部分はロックフェラー財団からの寄附十七万五千ドルによっている。ロックフェラー財団は、当時世界各国の公衆衛生の進歩の為に援助をしていたが、日本においては、国の研究教育機関への寄附に先立って、まず民間の教育機関にということになり、日本での最初の事業として義塾への寄附となったのである。

なお、同財団の寄附は、建物に留まらず、当時欧米で成果を挙げて来ていた予防医学あるいは公衆衛生学の定着と発展の為に、米国から毎年一名の教授が義塾に派遣されて研究指導にあたると共に、義塾からも米国のジョンズ・ホ

◉予防医学校舎

プキンス大学の公衆衛生大学院に　同財団フェローとして留学する等の支援も受けることになった。

竣工に合わせて、塾長の林毅陸は、『三田評論』に「予防医学」と題する文章を寄せている。当時の我が国は今日と異なり、出生率は高いものの、乳児死亡率は高く、平均寿命も短かった。この点を具体的に指摘した上で、「されば一般の保健衛生の施設を改善するの必要甚だ大なるは、言うまでなき事であるが、それは主として予防医学の進歩に俟たねばならぬ。総べて疾病に対しては、治療よりも予防を持って優れりとする」と語り、欧米各国では、「輓近競うて予防医学研究所又は公衆衛生学校を設立し、(略)多大の成果を挙げつつある」と指摘した。

今日、この予防医学校舎には、衛生学公衆衛生学教室、感染症学教室、医療政策・管理学教室がある。

林は、「予防医学又公衆衛生の研究範囲は、年を追うて益々拡大せらるべく、吾人は其の将来の発達に対し、多大の期待を属するものである」と締めくくっているが、その予想の通り、今日では社会的要請は益々大きく益々多岐に亘っている。

空襲の痕跡

予防医学校舎の玄関両側の車寄せの両側のアプローチを丁寧に見ると、それぞれに六角形の痕を見付けることができる(次ページ)。

三田山上が空襲を受ける前々夜、昭和二十年五月二十四日未明の空襲で直撃した焼夷弾の痕である。損害は甚大で、医学部・病院は、総建坪約一万五千余坪のうち、実に九千三百坪を失った。しかも主な施設が木造だったこともあり、外来診療部、病棟等、病院の主要部分を焼失したのであった。

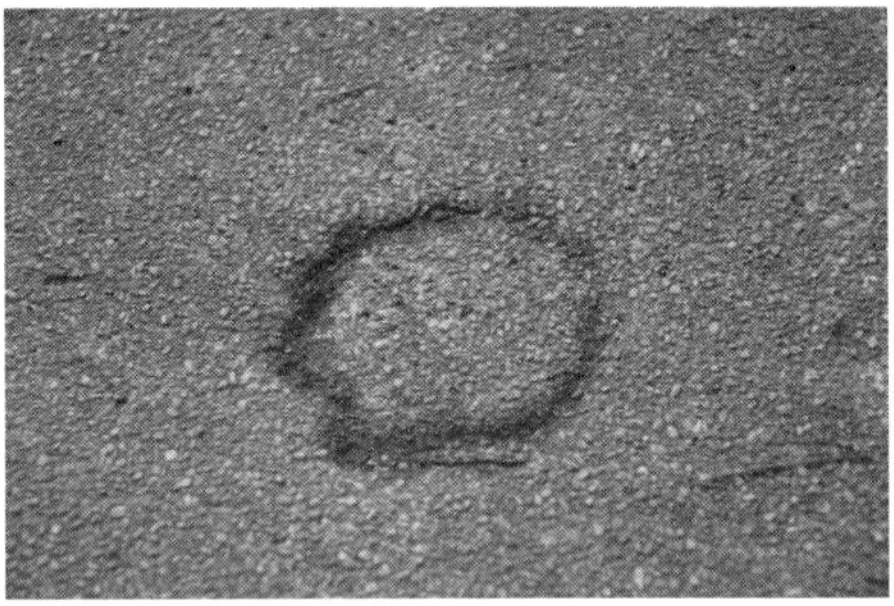

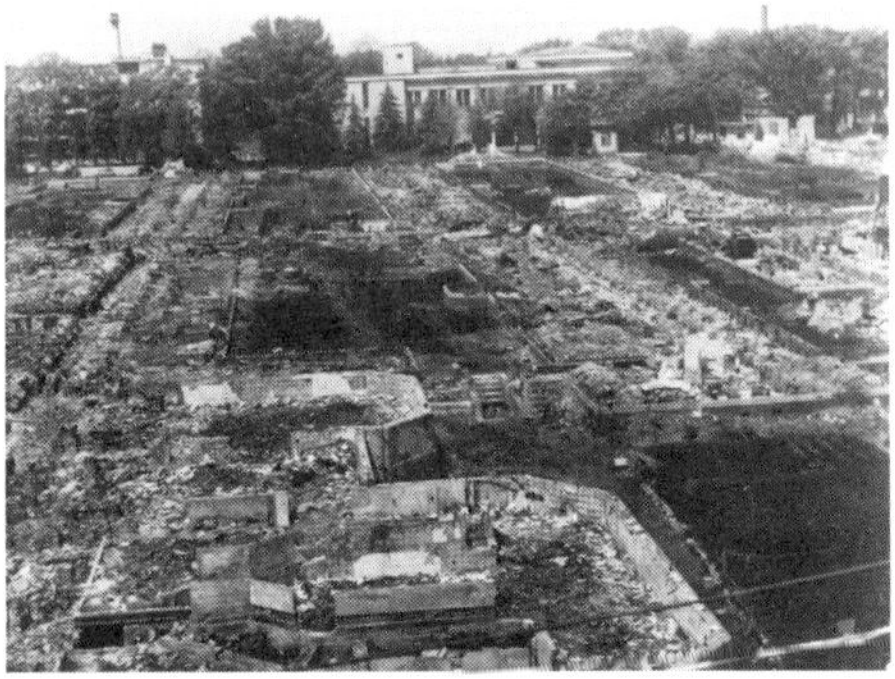

◉六角形の焼夷弾の跡（上）
空襲で消失した慶應病院（下）。正面奥に見えるのが北里図書館。その右、木々の向こう側に予防医学校舎がある

当日の空襲の状況を、翌日二十五日付の朝日新聞が「勝利は若い者の力に、慶應病院の入院患者全員救出」と題して報じている。

「焼夷弾の集中攻撃をうけた四谷区の慶應病院では熱と力に溢れる学徒挺身隊と看護婦、医局員の一致敢闘により、別館、図書館、予防医学教室等八建物を猛火から救ったばかりではない、二百余名近くの入院患者をカスリ傷一つ負わせず無事救出し了せた。病院が襲われはじめたのは二時も二十分をまわる頃であった。別館屋上の監視所の学徒挺身隊員から伝わる情報が途絶えた時、焼夷弾数百発が北里記念図書館を中心に雨のようにふりそそいだ。一坪に一個の焼夷弾だ。当夜の宿直に当っていた慶大防護団副団長鎮目専之助外科部長は場内アナウンスを通じて「全員配置につけ」の急速命令を出すと同時に患者の退避命令を下した。寮室に泊り込みの挺身隊八十名、看護婦二百七十名は屋上の焼夷弾を手づかみで投げ捨てるもの、あらゆる容器を利用して水をかけるもの、若い人達は懸命に消した。

一方重軽症まぜて百八十名の入院患者は「退避命令」と

同時に二十名の担送車患者を中心に、主任看護婦の導く晒《さらし》、胴じめの急造誘導綱を手に一列となって暗の夜を裏のコンクリート建別館と附近の国民学校へ緊急避難を了ったのである。（略）」

その夜の空襲は苛烈で、直後の様子を看護婦であった平松キツ子は、「慶應病院に落ちた焼夷弾は油性のようで、道路や通路はヌラヌラして歩きにくく、その殻がグラウンドや焼け跡に突きささり、長さ七〜八〇センチ、直径一二〜三センチの六角筒を病院の構内からトラックで三台運び出したそうです」と記している。

無数の焼夷弾が降る中を、看護婦らは、患者全員を鉄筋の別館に誘導して助け、また、別館、北里図書館、予防校舎の屋上の学生達は、無我夢中で、焼夷弾を消しては投げ捨て、これらの建物を守ったのであった。当時を知る人は、学生達が火災から守り通した別館の屋上にもかつては無数の痕があったのに、ある時、全て再塗装されてしまったと嘆いていたものである。

義塾には戦争の痕跡は随分遅くまで残っていた。例えば、日吉や幼稚舎の校舎は迷彩のコールタールが昭和五十年頃までは残っていたし、三田の図書館のステンドグラスも焼け落ちてから透明なガラスが長く入っていた。しかし、今日は殆ど痕跡が見られない。それだけに、焼夷弾の六角形がはっきりと残ったこの痕は大切に保存し、当時の医師・看護婦・塾生の気概と苦闘を、後の塾生にも伝えたいものである。

食養研究所

この空襲に焼け残った、今はなき建物にも言及しよう。信濃町駅から横断歩道を渡って、病院の門を通ると右手の小さな植え込みの中に、小さな記念碑「食研跡地　記念の碑」が建っている。その背後には、外壁の一部を残して、

◉「食研跡地　記念の碑」と「往時の食研外壁」

「往時の食研外壁」と記されている。

この食養研究所は、大正十五年、益田孝ら財界の支援者からの寄付によって作られた研究所でバス通り（外苑東通り）に面して建っていた。

研究所の主任は、内科の大森憲太である。明治以来、脚気は結核と共に国民病と言われたが、その原因を巡り、伝染病によるものか、白米食の普及など食事によるものか、多くの論争があった。ビタミン欠乏によることを明らかにして、この論争に決着を付けたのが大森であった。

◉食養研究所［慶應義塾福澤研究センター蔵］

食養研究所の趣旨は、その後援団体の食養研究会の設立趣意書がわかりやすく示している。すなわち、「生活の基礎である衣食住のうち、特に欠くことの出来ないのは食物である。その質と量については慣習と嗜好に任せておいてはいけない。科学的裏付けが必要である。（略）」として、主に栄養増進、食事療法に関する研究を行うことを目的としていた。更にその成果は、病院の食養部による入院患者の食事にも生かされ、塾外に対しても、月刊誌『食養』の発行等を通じた啓発活動に貢献した。

また、この研究所の建物には、細菌学や病理学の研究室も入り、臨床各科と基礎研究の教室が共同して研究をする場所ともなっていた。

戦後は、空襲にも耐えて残った数少ない建物であったため、臨床各教室が入り研究室として使用するようになった。本来の食養研究所としての機能は漸減したが、「食研」の名前で医学部関係者には親しまれていた。研究所は平成二年にその歴史を閉じたが、戦後の厳しい条件の中でも、各科が共に研究をした場として「食研」を惜しむ者が多く、記念碑が建てられたのであった。

そのことを考えると、予防医学校舎前の焼夷弾の痕跡と共に、この記念碑も、戦中戦後の困難な時代を示す史跡と言うことができよう。

［山内慶太］

蝦蟇《がま》と三色旗

蝦蟇蛙《がまがえる》の足の筋肉がそれにつながる坐骨神経と共に装置に付けられて教卓の上に置かれている。坐骨神経の端に電池から刺激が与えられると筋肉が収縮してそれに結ばれた三色旗が高々と振られる……。かつて、医学部で日吉から信濃町に来たばかりの学生が受ける生理学の講義の有名な一シーンであったという。昭和三十五年に名誉教授になってからも最晩年まで続いた加藤元一《げんいち》氏の講義の一コマである。

蝦蟇塚

信濃町キャンパスから北に十分程の所に、長善寺、通称「笹寺」がある。丁度、新宿通り沿いに四谷三丁目駅から新宿御苑駅に向かって歩くと左手にある。そこには、左脇に大きな蝦蟇の焼き物が置かれた墓碑がある。そして「蝦蟇塚」と刻まれた墓碑の下側にはペンマークが刻み込まれている。墓碑の右手には次のように説明が記されている。

◉蝦蟇塚

蟇　塚

慶應義塾大學醫學部生理學教室ニ於テ實驗ニ供シタル
諸動物供養ノ為ニ之ヲ建ツ
昭和十二年五月
醫學博士　加藤元一
門人一同

この蝦蟇塚の建立の経緯は、「〝蟇塚〟建立　慶大加藤博士が供養」と題された東京朝日新聞の写真入りの記事（昭和十二年七月二日）が詳しい。

◉ペンマークの刻まれた蝦蟇塚

「慶大医学部生理学教室では多年同教室で尊い学術の犠牲となった実験用の蟇無慮十数万匹の霊を供養するため加藤元一博士をはじめ同教室出身有志の手によって四谷区信濃町の笹寺境内に四坪許りの土地を求めて五輪塔の「蟇塚」を建立しこの程出来上がったので四日午後三時半から盛大な蟇供養を営むことになった。（略）供養当日は加藤博士外六十名の生理学教室出身の学者が参列するそうである」

この「無慮（およそ）十数万匹」という数字は決して誇張ではない。

加藤元一は、京都帝国大学医科大学を卒業し、石川日出鶴丸の下で神経生理学を専攻していた。義塾の医学部の創設に当たり大正七年義塾の医学部教授に招かれて以来、昭和三十五年に退職するまで、医学部の生理学教室を主宰した人である。義塾に来て間もなく「不滅衰学説」を打ち立てたが、国内ではなかなか受け入れられないでいた。「不滅衰学説」は、麻酔された神経では興奮は減衰して伝えられるという減衰学説の誤りを証明するものであったが、この従来の学説の主唱者フォルボルンの弟子であった石川の逆鱗に触れたからである。この研究で用いられたのが蝦蟇蛙である。蝦蟇蛙の坐骨神経の束は、大きさと強度の面で実験に好都合であった。

国内で十分な評価と発表の機会が得られない中で、加藤は大正十五年、蝦蟇蛙と共にシベリア鉄道でストックホルムに渡る。同地で開催の第十二回万国生理学会で公開実験を行い、高い評価を受けたのであった。

しかし翌年、帝国学士院賞が決まった際にも、石川は横やりを入れ、世間の耳目を集めた。加藤らは更に精度の高い検証をと、神経の束から単一神経線維を生態剥出することに世界で初めて成功し、それを用いて自らの学説を更に揺るぎないものにしたのであった。これらの業績で、加藤は昭和十年、モスクワで開催された第十五回万国生理学会には会長パブロフ（パブロフの犬で知られる）の招待を受け、その後、ノーベル賞の候補にも幾度か上がった。この時も、百七十匹もの蝦蟇蛙を門下生と共にモスクワに運び、供覧実験で喝采を浴びたのであった。

ちなみに、二度の万国生理学会から帰国した際はいずれも、東京駅に塾長をはじめとする義塾の人達の三色旗を振っての出迎えを受けた。加藤は、この時の感慨を晩酌の折にしばしば話したという。これは、元一の子で義塾の看護短期大学の初代学長を務めた暎一の述懐である。

加藤元一先生之像

信濃町キャンパスの新教育研究棟の一階の入り口に、武見太郎の筆で「加藤元一先生之像」と刻まれた胸像がある。元々は、生理学教室の入っていた基礎医学第一校舎の前庭にあったもので、建て替えの際に、今の位置に移った。

◉加藤元一先生之像

胸像には次の碑文が添えられている。

不滅衰之記
加藤元一先生、大正六年慶應義塾に医学部創設さる、や、弱冠二十八歳にして生理学教授となる。昭和二年「不滅衰傳導学説」に対して帝国学士院賞を授与させらる。続いてノーベル賞候補に挙る事再度、その学勲内外に高し。

昭和十九年三月義塾に医学専門部、開設されるやその長となり、昭和二十七年三月同部を閉ずるまでの間、四百六十六名の人材を育成し、慶應医学にあらたなる活力を加えたり。この間の教育者としての情熱、蓋し不滅衰傳導学説樹立にも勝るものあり。
茲に我等卒業生その徳を仰ぎ、その情を慕い且つその智を敬してこの像を建つ。
昭和四十一年文化の日
慶應義塾大学附属医学専門部
卒業生一同

実は、この碑は、単に研究者としての加藤を顕彰するためにのみ作られたものではない。この碑の建立が「慶應義塾大学附属医学専門部卒業生一同」によってなされたことに大きな意味がある。

◉早慶戦応援席での加藤元一（昭和33年春）

太平洋戦争の拡大と共に軍医が不足することになる。そこで、文部省の依頼に応える形で作られたのが医学専門部であった。予科の課程を大幅に圧縮し、医学部に比べ二年短い五年で医師を育成するもので、その部長を務めたのが加藤であった。

昭和十九年に開設された医学専門部は、時代の荒波に翻弄されながらも、よくその学生を支え、優れた医師を輩出した。空襲による信濃町の甚大な損害、山形県大石田町への学生疎開、終戦後の武蔵野分校と、授業や臨床実習をする場の確保にも苦労があった。また、組織上も、歯科医学専門学校卒業者に医師資格を与えるために一年間で教育する臨時科の開設（昭和二十年三月）、終戦後のＧＨＱの要請による就業年限の延長等の変更があった。最終的には戦後の学制改革において、医学は全て大学教育とし専門学校教育を認めないことが決定したことから、医学専門部はその使命を終えて、四回目の卒業生を春に送り出した昭和二十六年六月に北里講堂で「医学専門部解散記念式」が行われたのであった（卒業事務の遅れた学生に対応し全ての学務を終えたのは二十七年三月）。閉校に合わせて組織された医学専門部史編纂委員会による『慶応義塾大学附属医学専門部史』に掲載された記録と多くの教職員と卒業生の随想を読む時、加藤の胸像は、単に加藤一人の胸像ではなく、医学専門部の記念碑であることがよくわかるのである。

「愛塾の心」

加藤は、「三色旗のあるところ加藤あり」と言われる人でもあった。昭和八年、今日の応援指導部につながる応援部が組織された際に塾長林毅陸より委嘱されて以来、二十七年に亘り応援指導部長を務め、早慶戦には常に加藤の姿があったという。昭和三十二年の大学入学式で教授代表として祝辞を述べた際、関東大震災で、東大の鉄筋の校舎は焼けたのに対して、木造の塾の校舎が焼けなかったことを例に挙げて、「愛塾の精神」の尊さを語った。そして、次のように語りかけたのであった。

「愛塾の心！それは諸君が入学して先ず体得すべき第一のものである。しかしこの愛塾の心は、私が、また塾長や学部長が、壇上から「塾を愛せよ」と幾度呼んで見ても大した効果はない。この心は外からかけたメッキでは駄目なのだ。つけやいばで駄目である。自分の心の奥底から自然に湧き出るものでなくてはならない。

　然らば左様のことが果して出来るか。然り可能である。ここに早慶戦がある。私の教授在職四十年の経験はそう教える。

　見守る数万の観衆、投手の一投、一球に共に喜び、共に憂える。塾につながる総ての心が鼓動を一つにしてこのように緊張する一時が他にあろうか。美しいではないか、その間に何等の邪念もない、微塵の私心もない。あるのはただ「塾を勝たせたい」と思う心のみである。ここに無意識のうちに自ずと心の底から湧いて出るのである。この愛塾心はメッキではない。」

かつて、早慶戦では、試合開始のサイレンに合わせて両校の外野応援席から多数の鳩が放たれていた。加藤はその瞬間について「両軍から放つ鳩の大群がはばたき、大空に円を描きながら彼方の空に消えて行く。私はそれを見送って暫時瞑目、静かに思う。「自分は一生を慶應で送ってよいことをした」感激に目頭があつくなる。」と語った。官学から慶應義塾に来て以来の、研究、教育、そして神宮球場の日々を経て晩年の加藤が強く抱いた感慨であった。

〔山内慶太〕

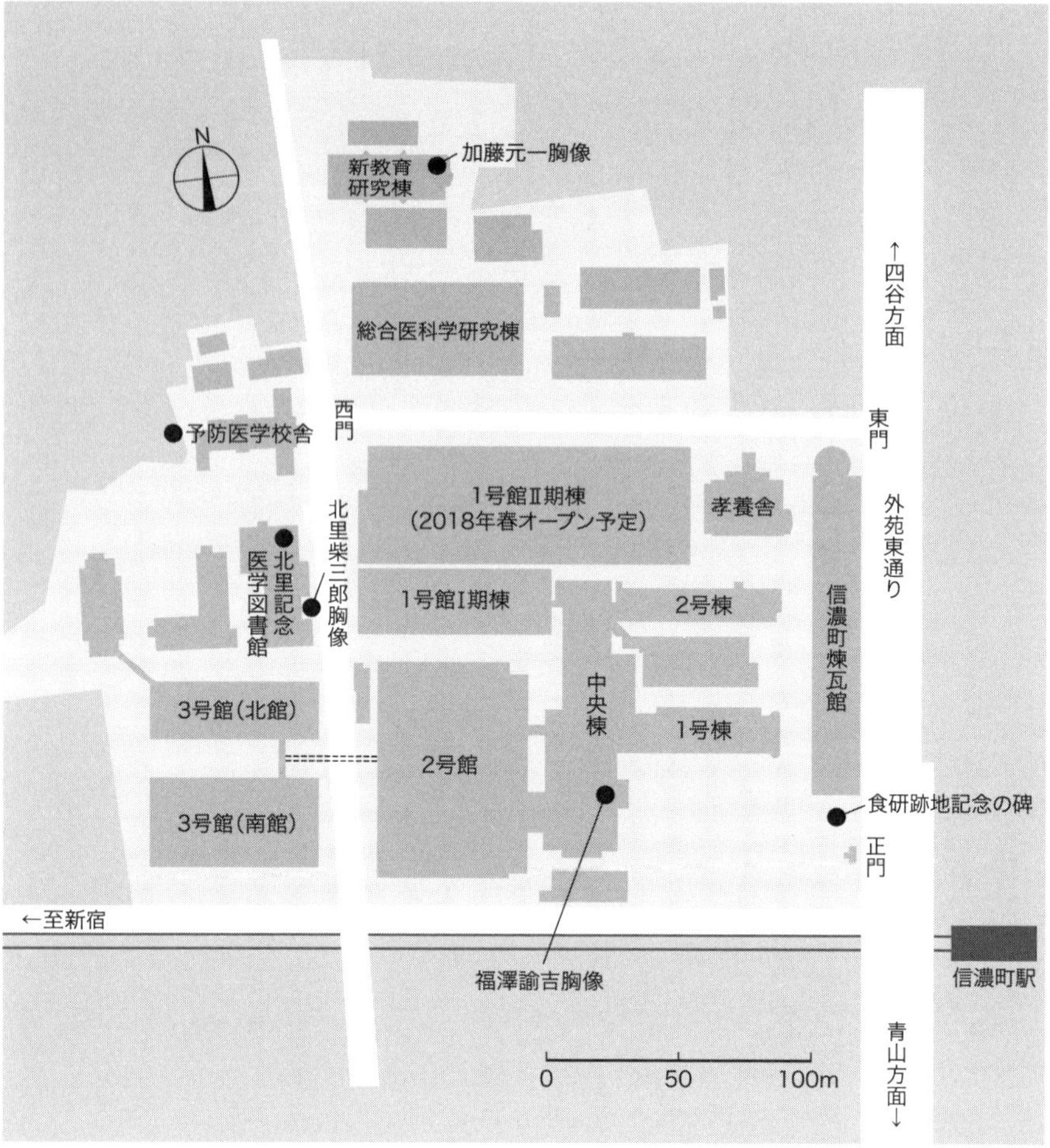
N
新教育研究棟
加藤元一胸像
総合医科学研究棟
↑四谷方面
西門
東門
予防医学校舎
1号館Ⅱ期棟
(2018年春オープン予定)
孝養舎
外苑東通り
北里記念医学図書館
北里柴三郎胸像
1号館Ⅰ期棟
2号棟
信濃町煉瓦館
中央棟
3号館(北館)
1号棟
2号館
3号館(南館)
食研跡地記念の碑
正門
←至新宿
福澤諭吉胸像
信濃町駅
青山方面↓
0
50
100m

◉信濃町キャンパス略図

天現寺界隈、そして幼稚舎

現在、幼稚舎は天現寺交差点の東南角にあり、正門や本館は渋谷区恵比寿二—三十五—一、グラウンドの自尊館と小体育館を結んだ線が区界となっており、自尊館や新館21、新体育館、理科園は港区白金五丁目に属している。天現寺の交差点では、渋谷方面から流れる古川(これより上流は渋谷川と呼ぶ)と青山方面から流れ今は暗渠になっている笄川《こうがいがわ》が合流している。歩道橋の上から古川を見ると、広尾方面にトンネル入り口を見ることができるが、これが笄川の跡である。

狸蕎麦の広尾別邸

江戸時代、この地は朱引(幕府が定めた江戸の範囲)内で、墨引(町奉行の支配下)にもぎりぎり入っているが、江戸の外れと考えていい。『御府内沿革図書』という江戸後期の地図には、幼稚舎の渋谷区の部分は「下渋谷村、下豊沢村入会広尾原」と、港区の部分は「白金村」と記されている。『江戸名所図会』には「広尾原」「広尾水車」があり、絵で往時の様子をうかがうことができる。

『尾張屋版江戸切絵図　目黒白金辺図』には、幼稚舎から東へ二百メートル程の場所に「狸蕎麦」という記述がある。ここに今でも「狸橋」という古川に架かる橋があるが、一時は福澤諭吉が所有していた。今ここに「狸橋の由来」という碑が立ち、「むかし、橋の南西にそば屋があって子どもを背負い手拭をかぶったおかみさんにそばを売ると、そのお金が、翌朝は木の葉になったといいます。麻布七ふしぎの一つで、狸そばと呼んだのが、地名から橋の名になりました。ほかに、江戸城中で討たれた狸の塚があったからともいっています。」と書かれている。

福澤諭吉は好んでこの辺りに散歩に来ており、明治九年長沼村小川武平に狸蕎麦で面会するなど、よくこの狸蕎麦にそばを食べに来ていた。そして、田園風景が残るこの辺りが気に入ったと見えて、明治十二年、狸蕎麦、すなわち現幼稚舎の港区部分の土地を購入されて別荘を建て、狸蕎麦の別荘、後に広尾別邸と呼ばれるようになった。

湧水の池と二つの水車

明治七年、三田山上で和田義郎が慶應義塾の年少者を自宅に集めて塾を開いた。これが幼稚舎の前身である。そして、和田は、現幼稚舎の対角に当たる田んぼ（現在の都営アパートのある辺り）を購入し、その一部に池（プール）を作って、そこで幼稚舎生を泳がせたという。

広尾別邸は、湧水の池がある広大な日本庭園があったため、多人数の集会や園遊会、春秋の同窓会に度々利用された。とりわけ福澤没後の明治三十八年十一月五日には、日露戦争勝利を記念して東郷大将、片岡、上村、出羽の三中将を招き、慶應義塾同窓会が開催された。幼稚舎生三百人が日の丸の旗を持って玄関で迎え、陸軍音楽隊が音楽を奏し、大学生が銃剣術を披露し、多くの模擬店が出店するなど賑々しく行われた。

広尾別邸の東隣には水車があり、この土地を先生は水車を含めて明治十七年七月頃に取得し、その後も水車は元の持ち主に貸し出している。

福澤時太郎氏は『三田評論』昭和五十年四月号「天現寺別邸」で別邸内の様子を次のように書かれている。

「ここから西の方にだんだんと下り、その下り切った

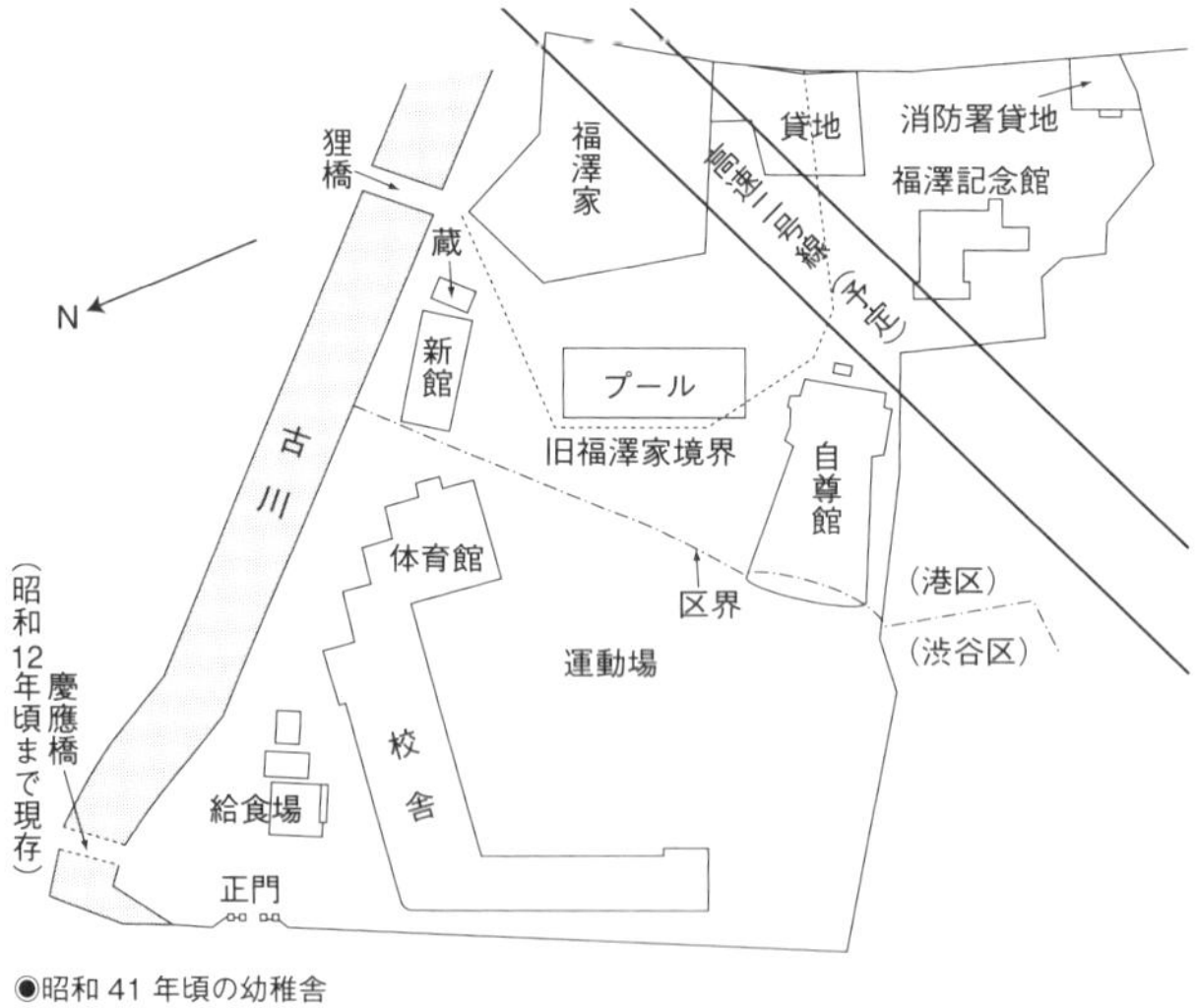

●昭和 41 年頃の幼稚舎

ところに幅一米たらずの小川があり、水車小屋もあって萬蔵という別荘番が米を搗いていた。（中略）小川には小鮒、メダカ、タナゴ、小蝦と色々いたので、我々には面白くて仕方なく、時のたつのも忘れて魚とりに夢中だった。地下水の集りであるこの小川はとても冷たく、夏などはとてもよい気持であった。この小川は古川に注いでいたが、当時の古川は今のようなあんな汚い溝川ではなく、鮎が沢山いた。」

広尾別邸の中に三田用水白金分水の流路があり、古川に注いでいた。今、理科園中央を東西に下水管が走り、この部分が財務省所有の土地になっている。狸橋よりやや下流の護岸壁に四角い口が見えるが、これが三田用水白金分水の排水口である。また、現幼稚舎小体育館裏の古川護岸壁に、常に水が流れ落ちている管がある。元幼稚舎長川崎悟郎氏は、戦後間もない頃、この水が冷たいので上から西瓜を吊るして、冷やしていたという。地下水の流れと思われる。時太郎氏の言う小川は、どれであろうか。

また、福澤は明治二十八、九年に現在の広尾都営アパートの辺りに、笄川の水を利用した水車を購入している。この水車に関して、先生が南郡豊島渋谷村長宛に名義変更と引き続き水車の営業許可を願い出た「水車名前換並継年営業願」が東京都公文書館に残っている。

福澤は、先の狸蕎麦の水車に東隣した下野大田原藩下屋敷の敷地（現在北里研究所病院）を、明治二十一年に購入。二十六年創設の北里柴三郎の結核療養施設養生園に貸し出している。さらに養生園のために、二十六年、二十八年、二十九年と周囲の土地を順次買い足していっている。先生は、「養生園貸地証」を入れた封筒に二十七年二月二十五日付で、次のように子孫に言い伝えている。

「北里氏へ地面を貸したるは学問上の好意に出たることなれば、地代は随時の商況に由り昇ることある可きも、無理に退去を促す等不法の請求は断じて行ふ可からず。子孫慎て此を忘る丶勿れ」。

『慶應義塾百年史』の年表、大正四年八月二十三日に次の記述がある。

「寄宿舎建設用敷地として府下豊多摩郡渋谷町大字下渋谷字広尾耕地、三千二百四十坪余を東京市より買入れ（十月十五日、登記完了。六年二月、同耕地百七十坪を買い足し、総坪数四千四百十坪）」。

大正五年五月七日には、

「慶應橋開通。古川を越え、六年九月竣工の広尾寄宿舎に通ず」

大正六年九月には、

「広尾寄宿舎竣工。総延坪千六百六坪、寮舎は六棟よりなり北三寮を大人寮、南三寮を中幼年寮とす。中央寮に消費組合販売部を新設。構内入口には舎生の娯楽に供するため二階建の倶楽部を新築(十日より舎生を収容。十一月十一日、新築祝賀茶話会。六年四月着工(後略))」

とある。すなわち、現幼稚舎の渋谷区部分に慶應義塾の寄宿舎が完成し、その寄宿舎だけに通じる慶應橋が、古川に架けられたということである。

幼稚舎の移転

一方、幼稚舎は明治三十一年、三田山上から現在の三田キャンパス西校舎崖下に移転したが、さらなる生徒数の増加でこれまた狭隘になり、しかも建物が老朽化していた。そこへ昭和九年九月、台風が京阪地方を襲い、大阪市内の小学校が五十校も倒壊する事件が起こった。事態を憂慮した小泉信三塾長は同年十月の評議員会において「幼稚舎は技術調査の結果、建物古くして到底現状のまゝに放置し得ざるの状態にあり」と発言し、広尾の寄宿舎の敷地に移転が決定した。この地に、新進気鋭の建築家谷口吉郎氏の設計により現在の本館が完成、昭和十一年九月に四、五、六年生が新校舎に移り、全館完成と共に、翌十二年一月、一、二、三年生も移転した。

◉福澤記念館（広尾別邸）

この時に、広尾別邸は幼稚舎に寄贈され、「福澤記念館」として小柴、清岡主任(舎長)の頃、主任による講堂修身の授業などに使われた。幼稚舎六年生として新校舎に移った川崎悟郎氏は、「幼稚舎グラウンド中央に福澤邸の塀があり、今もグラウンド中央にあるけやきは、塀の向こう側にあった。そして十二年三月にその塀が取り壊され、福澤記念館へ行けるようになった。」と語っている。戦後は、幼稚舎教員の住宅として使用していたが、昭和四十一年三月、

◉旧自尊館（赤屋根）

首都高速道路の建設で幼稚舎の敷地が分断された時に取り壊され、現在その跡地に当たる飛び地（理科園）にはプール、ビオトープ、畑が設けられている。私が幼稚舎生だった頃は、幼稚舎教諭の林佐一氏御家族が住まわれていて、私もお邪魔したことがあるが、大きくて立派だが、天井が高くて暗いお屋敷だった記憶がある。取り壊してしまったことを本当に惜しく思う。

　しかし、現幼稚舎新体育館、そして新館21と自尊館にはさまれた所には、依然として福澤邸があった。福澤の令孫八十吉氏が住まわれており、八十吉氏の令息範一郎氏（昭和十七年幼稚舎卒）は、この邸宅から塀を潜って幼稚舎に通っていたとお話されていた。昭和二十九年の幼稚舎創立八十周年の記念事業の一環として、新館21と自尊館にはさまれた福澤家の敷地約八七九坪を幼稚舎が譲り受け、敷地内にあった蔵を古川沿いに移築し、昭和三十三年にその跡地にプール（現存しない）を建設した。

　さらに昭和四十二年八月、首都高速道路建設に伴い、福澤範一郎氏が住まわれていた現新体育館辺りの土地を慶應義塾が購入し、幼稚舎は現在の敷地となった。

　福澤家の蔵も、幼稚舎が譲り受け、幼稚舎の舎史資料庫となっていたが、平成十一年、新館21の建設の際に取り壊された。しかし、福澤家の蔵を取り壊すのは惜しいという声が上がり、現在井の頭公園前のおこわ米八本店（武蔵野市吉祥寺南町一―二十一―四）に移築され、綺麗にリニューアルされている。ただ、この蔵は時々個展などに利用されるが、通常は内部非公開で、店舗営業も花見の期間だけだという。

［加藤三明］

慶應義塾と谷口吉郎

建築家谷口吉郎

慶應義塾の建築・施設は、第二次世界大戦によって多大な被害を被ったが、昭和二十二(一九四七)年の慶應義塾創立九十周年を契機として復興に向かった。この戦後の慶應義塾キャンパスの再建を語る上で、欠かせない人物がいる。建築家の谷口吉郎氏である。生涯を通じて、谷口氏は慶應義塾のさまざまな建築物を設計した(一七六頁別表参照)。

谷口氏は明治三十七(一九〇四)年金沢市に生まれ、東京帝国大学工学部建築学科卒業後、東京工業大学教授を務める傍ら、藤村記念堂、東宮御所、東京国立博物館東洋館、東京国立近代美術館、ホテルオークラ、帝国劇場などを設計した。博物館明治村の設立に尽くし初代明治村館長、文化財審議委員、日本芸術院会員を歴任し、昭和四十八(一九七三)年文化勲章を授章、墓碑・記念碑の設計や『雪明かり日記』、『建築に生きる』など著書も多い。昭和五十四(一九七九)年逝去されている。

今回は、数多くの「谷口建築」の中から、生涯を通じてかかわった幼稚舎の建物と、日吉に残る旧寄宿舎を中心に紹介する。

幼稚舎本館

谷口氏と義塾とのかかわりは、幼稚舎の天現寺移転に端を発している。幼稚舎が三田の慶應義塾構内から現在の地に校舎を移転新築したのは、昭和十二(一九三七)年であった。その経緯を谷口氏自身がこう記している。「昭和七年頃だったと思う。塾の財務理事は槇智雄氏で、その槇さんが私の研究室へ来訪されたのである。当時、私は東京工大の助教授になったばかりで、二十八歳の青二才だった。槇さんの来意は、「幼稚舎」の新校舎が渋谷の天現寺にたつので、その設計をしてほしいと、そんなご依頼であった。これには驚いた。幼稚舎は天下の名門校である。それにくらべ私は建築家の卵にすぎない。恐縮しながら、ご希望をたずねると、「塾の建築に魂を入れてほしい」とのお返事に、私は一層恐縮してしまった。」（「慶応義塾と私」、『建築に生きる』）因みに、槇理事は建築家槇文彦氏の叔父にあたる。

官学出の谷口氏は「私学のリベラルな学風に接し」、かつ槇理事や小泉信三塾長の全幅の信頼に応えるべく幼稚舎の設計に全力投球した。その基本理念は、「児童の健康と安全を第一に考え、明るくて気持ちのいい小学校を実現」であった。「学校建築を児童の健全な成長のために衛生的な機関たらしめ、それによって、出来得れば、この校舎に、健康そのものの「美」を発揮せしめる」（「校舎の意匠」、『清らかな意匠』）べく、さまざまな新設計を導入した。

◉天現寺の幼稚舎本館

各階が階段のようにセット・バックする雛段のような三階の「テレス（テラス）・タイプ」の外観に、全教室の窓を天井から床までの「引き開きサッシュ」にすることによって、日当たりがよく、出入口の如き窓からテレスに出て地上にも降りられる「開放教室」を実現した。この発想は、教員室や衛生室の構造にも使用され、グラウンドから直接出入りできる構造の教員室には、生徒と教員の間の威厳めいた堅苦しい間仕切は存在しない。この基本設計は、その後の第二研究室や中等部校舎においても貫かれている。また、暖房は、当時スイスのサナトリウムで試みられていた、パネル・ヒーティングによる温水床暖房を導入した。これは普通教室にだけでなく、幼稚舎生が服を脱ぐ「衛生室」では放熱量を増したものが設置された。

「小学生の新しい生活を作りだすことを設計の眼目とした」思想は各教科の特別教室にも具現化された。既に明治四十三（一九一〇）年に理科教室や実験室を、大正十（一九二

年号（西暦）	建物名	現在の名称	場所
1937	**幼稚舎校舎**	**本館**	渋谷区恵比寿
1938	**大学予科日吉寄宿舎**	**寄宿舎（南・中・北寮・浴場）**	横浜市箕輪町
1948	中等部三田校舎	旧Ｆ館	港区三田
1948	幼稚舎合併教室		渋谷区恵比寿
1949	大学三田第三校舎四号館		港区三田
1949	通信教育部事務室		港区三田
1949	大学第二校舎（五号館）		港区三田
1949	大学学生ホール		港区三田
1950	**大学病院は号病棟**	**臨床研究棟**	新宿区信濃町
1951	大学第二研究室（新萬來舎）	萬來舎	港区三田
1951	女子高等学校第一校舎（三号館）		港区三田
1951	普通部日吉校舎	本校舎	横浜市日吉本町
1952	女子高等学校第二校舎（四号館）		港区三田
1952	大学病院ほ号病棟	６号棟	新宿区信濃町
1952	大学第三研究室（第三校舎）		港区三田
1952	大学体育会本部		港区三田
1954	大学病院特別病棟	７号棟	新宿区信濃町
1956	大学医学部基礎医学第一校舎		新宿区信濃町
1956	**中等部三田校舎**	**本館**	港区三田
1957	**大学医学部基礎医学第三校舎**	**東校舎**	新宿区信濃町
1958	**慶應義塾発祥記念碑**		中央区明石町
1964	**幼稚舎講堂（自尊館）**	**自尊館**	渋谷区恵比寿
1974	**佐藤春夫詩碑**		港区三田
1975	**独立自尊記念時計塔**		港区三田
1976	**幼稚舎百年記念棟**	**記念館**	渋谷区恵比寿
1978	**福澤諭吉先生永眠之地記念碑**		品川区上大崎

◉谷口吉郎氏設計による慶應義塾の建築物（太字は 2017 年 8 月現在現存する建築物）

二）年に鉄筋コンクリート建ての雨天体操場を建設し、先進的な教育を実践していた幼稚舎の特徴を生かすべく、「十文字型」の実験台や、立体的床構成の造形室、グラウンドから直接入れる出入口に「水飲み場」を設置した百二十坪の体育館も建設されたのである。

この幼稚舎本館は、平成十一（一九九九）年に日本建築学会によって、日本を代表する二十件のモダニズム建築のひとつとして選定されるなど、その文化的・伝統的価値を広く認知されている校舎である。

大学予科日吉寄宿舎

幼稚舎本館竣工の翌年には、昭和九（一九三四）年に開校したばかりの日吉の丘南端に、予科日吉寄宿舎三棟が竣工した。建築面積九十坪、鉄筋コンクリート造三階建、各棟一階東端に玄関と階段、西端奥に広々とした大食堂とそれに続く談話室を配し、幼稚舎で実現した床暖房を施した個室四十を備えた。「ローマ風呂」の異名を持った円形浴室を設けた崖上の浴場は、眺望をほしいままにし、かつ、角ばった寮舎空間に丸味を加える造形的意匠を生んでいる。当時の建築雑誌に発表された鳥瞰図により、その建物配置の特色が一躍有名になった。白と暗紫色を基調としたインター

◉大学予科日吉寄宿舎（竣工当時）［慶應義塾福澤研究センター蔵］

◉日吉寄宿舎の個室［慶應義塾福澤研究センター蔵］

ナショナルスタイルのこの寄宿舎群は、塾生に「学生都市の新しい生活様式」を創出した。

幼稚舎自尊館・百年記念棟

終戦直後、三田山上に谷口氏設計の木造校舎が復興の兆しを見せる前年の昭和二十三（一九四八）年、幼稚舎では、谷口氏の手によって、緑を基調とした赤い屋根の「合併教室」が建設された。物資のない中でのささやかな講堂代わりの木造教室は、明るい希望をこめて「自尊館」と命名された。しかし、建物そのものの不備は如何ともしがたく、幼稚舎創立九十周年を記念して、昭和三十九（一九六四）年、再び谷口氏の設計による講堂「自尊館」が竣工した。かつて校舎に「建築意匠と建築衛生の結合」を試みた谷口氏は、「音響の意匠」を具現化すべく、松井昌幸東工大教授の協力を得て二十分の一の模型を作り、マイクロホンなしに肉声の届く講堂の実現を図った。天井とホリゾント（舞台背面）は菱形の凹凸を配列し、音を乱反射させる効果と、装飾的効

◉幼稚舎自尊館

果の両立を実現させた。客席には、小学生の童心に応ずべく華やかな色彩を数種選び、クラス別の着席にも利便性を高めた。

昭和五十一（一九七六）年、児童の読書と教員の思索に適応しつつ、記念性を意識した「幼稚舎百年記念棟」が完成した。最初に設計に携わってから四十年、その重厚優雅な外観は、氏の幼稚舎生に対する深い愛情をこめた「魂」の表われではないか。

谷口吉郎の建築美

現在の中等部本館が竣工した昭和三十一（一九五六）年から文学部の非常勤講師として「建築美学」を講じた谷口氏は、新しい建築家が目指す建築についてこう述べている。

「外観の技巧をもって飾り立てる装飾建築でない。むしろ反対に、外観などは問題外視しているといっていい」「現代建築の根本的な出発点は、「必要」に根ざすといわれるごとく、新建築家が設計にもっとも苦心するところは、この「必要」を如何に技術的に解決するかにある。内部の要求を如何に満足せしめるか、この点が即ち外観を形成する要素となって、つまり、外観は内部における要求そのままの現われに過ぎない」（「新しい建築美の意義」『建築家志願』）。

常に「機能」という実用性と不要な装飾を取り払った「清らかな意匠」の融合を追及した氏のこの言葉が、今後の義塾の建築に生かされることを願って止まない。

［大澤輝嘉］

女子高「徳川庭園」と本邦二番目の野球チーム

会津藩下屋敷

慶應義塾女子高等学校・慶應義塾中等部の敷地は、江戸時代、会津藩主松平肥後守二十三万石の下屋敷があった。会津藩が三田に下屋敷を賜ったのは万治元（一六五八）年五月十五日のことで、初代藩主保科正之《まさゆき》が四十八歳の頃であった。その面積は三万二千九百七十二坪という広大なもので、現在の女子高・中等部の敷地だけでなく、西は綱町グラウンドを含んで古川の河岸まで、東は三井倶楽部の南半分を含んで綱坂までが敷地であった。

当時「綱が居た跡へ蠟燭取りひろげ」という狂句があり、これは渡辺綱出生の地と伝承されていた三田綱町が、蠟燭を名産とする会津侯の下屋敷となったことを謳ったものである。また、古川に掛かる三之橋は、肥後守の下屋敷脇にあるので肥後殿橋とも呼ばれていた。

最後の九代目藩主松平容保《かたもり》は、美濃高須藩主松平義建の七男で、弘化三（一八四六）年に伯父にあたる会津藩主松平容敬の女婿となり、嘉永五（一八五二）年の容敬の死により会津藩主となった。明治新政府の発足に伴い、それまで諸国の大名が持っていた上屋敷、中屋敷、下屋敷の三つのうち一つを残してあとは上地させる旨の取決めがなされ、多くの大名屋敷が華族や軍人、官吏、実業家に払い下げられた。会津藩下屋敷も、徳川伯爵家（旧御三卿）や鍋島子爵家（旧肥前鹿島藩）、蜂須賀侯爵家（旧徳島藩）などの邸宅となった。

日本初の野球チーム

日本における「野球の発祥」についてはさまざまな説があるが、明治五（一八七二）年、アメリカ人教師のホーレス・ウィルソン氏が第一大学区第一番中学（現在の東京大学）で生徒たちに教えたのが最初だとされている。それから六年後の明治十一年、新橋に日本で最初の本格的な「野球チーム」が誕生した。当時の新橋は鉄道が開通したばかり。本邦初の野球チームをつくった平岡凞《ひろし》はアメリカで汽車製造技術を学んだ鉄道技師で、新橋の鉄道局に勤めていた。彼は留学中に本場のベースボールの面白さに魅せられ、明治九年に帰国した際、野球道具を日本へ持ち帰ってきたのであった。

凞は、安政三（一八五六）年旗本の平岡家の長男として生まれた。父の庄七は徳川御三卿の一つ田安徳川家の付家老で、同じ御三卿の清水徳川家の再興に貢献し、明治四年、清水家当主篤守の渡米に十五歳の凞を同行させたのであった。渡米した凞は蒸気機関車の勇姿にひかれる。ボストンで教育者の家に寄宿し、夜学に通いながら機関車製造工場で技能を磨き、滞米五年間で登山用の特殊機関車の設計ができるまでになった。この間、すでに大衆スポーツの地位を占めていた野球の魅力にもとりつかれ、ニューヨークのダイヤモンド・クラブで選手としてプレーしたこともあった。

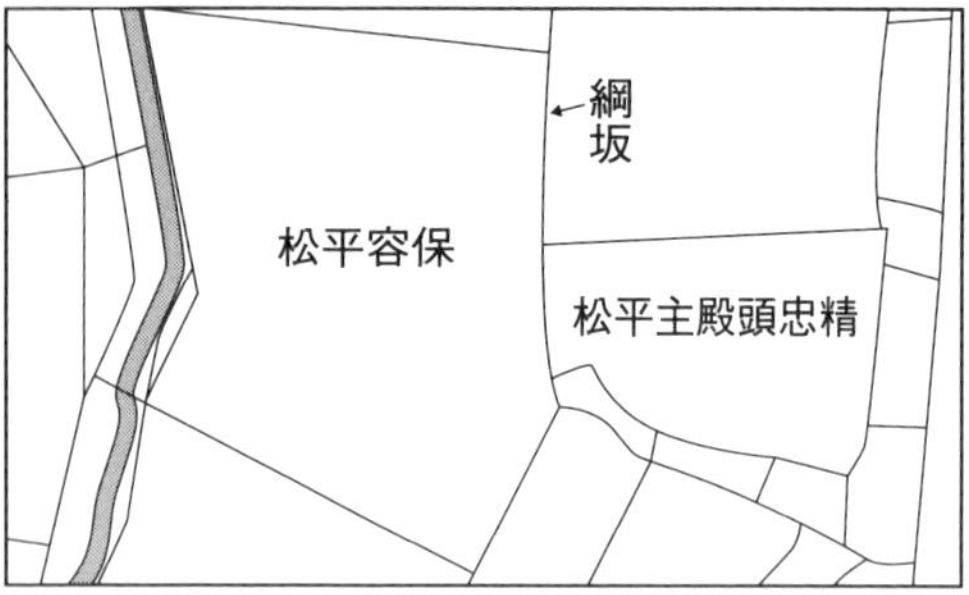

安政３年頃

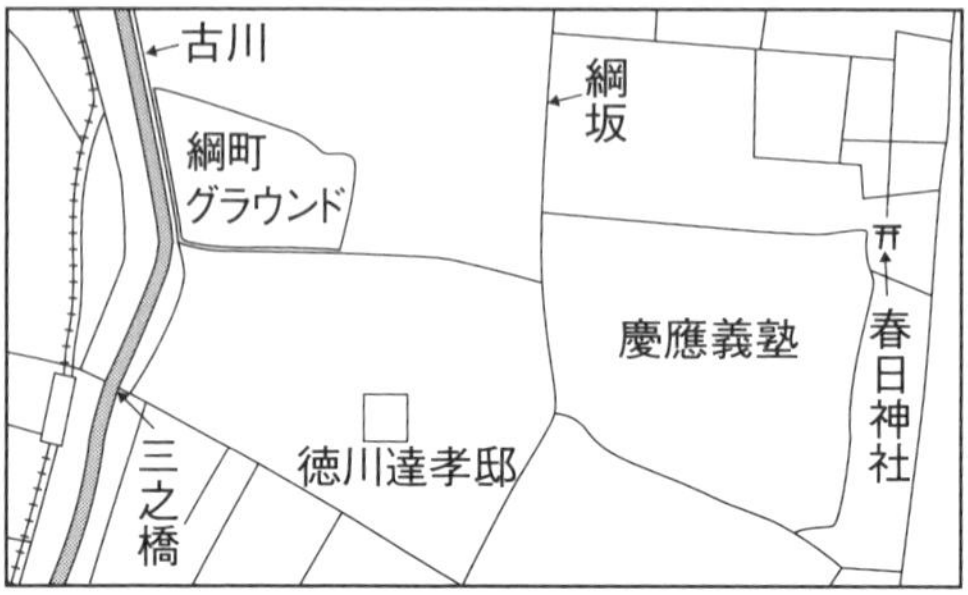

明治40年頃

◉三田綱町周辺図

明治十年に凞は鉄道局に入局。勤めのかたわら、職員たちを集めて空き地で野球をするようになる。凞の本場仕込みの野球は好評で参加人数は次第に増え、翌十一年、ついに局内に「新橋アスレチック倶楽部」という日本初の本格的なクラブチームが結成されたのである。

因みに凞の実弟寅之助の長男つまり凞の甥は、「慶應讃歌」の作詞、作曲で知られる木琴奏者の平岡養一である。養一は昭和二年、慶應義塾大学在学中にジャズバンドの木琴奏者としてデビューし、同五年卒業と同時に渡米、ＮＢＣ放送の専属奏者として活躍し、ニューヨークのカーネギーホールに日本人として初登場した。その音楽は「日本民謡からバッハまで」と表現された人物である。

二番目の野球チームと伯爵邸運動場

凞がクラブチームを結成した当時、平岡家が仕えていた田安徳川家の当主は、明治九年に父慶頼の死去により家督を継いだばかりの四男達孝《さとたか》であった。徳川宗家を継いだ家達を実兄に持つ若殿様は、洋行帰りの凞に英語を習い始めた。三田綱町の達孝伯爵邸に通う凞は、英語を教える傍ら、達孝にベースボールの手ほどきをした。英語よりベースボールに夢中になった達孝は、邸宅の広い庭園や築山を壊して泉水を埋め、運動場を造成した。徳川邸運動場と呼ばれたこの球場で、明治十三年、新橋アスレチックスに続く二番目の野球クラブを組織した。チーム名は、アスレチックスより立派なものをとのことで、古今東西の文献の中からギリシャ神話の英雄「ヘラクレス」の名前を戴いて、「徳川ヘラクレス倶楽部」(「三田ヘラクロス倶楽部」との記述も見られる)と名づけられた。

メンバーは、駒場農学校の学生にして佐賀鍋島家十二代当主である「鍋島直映侯、生田益丈、市川延次郎、早川政次、上野山増興、藤田卯之助、三田丈夫氏といった人々である。ここで作られたユニフォームは真っ赤のものと清々しいグリーンのものとで、いざ試合となると赤組と青組に分かれるので紅青相乱れて試合する様は将に一幅の画図であった」(大和球士著『日本野球史』)。

純白のユニフォームの新橋アスレチック倶楽部との月に一回程度の対戦は、「しばしば覇権を争うような大試合」となった(前掲書)。惜しむらくは観客が少ないこと。困った達孝は見物客に茶菓子を用意するなど、観客集めには苦労したという。とはいえ当時の最高級の試合であったため、多くの学生たちが参加していた。そして、卒業後はプレーヤーとして各チームに参加するものもいて、彼らの母校、大学南校の後身である工部大学や駒場の農学校、私学の青山学院、明治学院、立教大学、慶應義塾などでもベースボールは徐々に盛んになっていったのである。特に慶應義塾の学生は、徳川邸が三田山上のすぐ脇であったことから、観戦や時には選手として熱心に通うものが多かった。そうした中、義塾で野球が始められたのは明治十七(一八八四)年頃、野球部の前身である三田ベースボール倶楽部が誕生したのが同二十一年、正式に体育会が組織され、野球部が誕生したのは同二十五年、さらに同三十六年、最初の早慶野球戦が綱町グラウンドで開かれるなど、綱町はまさに明治期の野球のメッカであった。

達孝は道具にも凝り性なところを見せて、ある日、職人に作らせた見事な桐の柾目《まさめ》のバットを持って現れた。高級素材のバットは、「ピッチャー第一球投げた、打った、折れた。」（大和球士著『野球百年』）と、つかの間の命を終えたのである。

綱町研究所～女子高等学校

達孝は、後に貴族院議員、侍従次長を経て、侍従長に就任。麝香間伺候《じゃこうのましこう》となり、学習院評議員等も務めた。しかし、昭和金融恐慌により出資していた十五銀行が倒産して以来経済的に逼迫《ひっぱく》し、昭和十五（一九四〇）年、三田の屋敷を慶應義塾に売却し、実兄家達の邸宅の別棟に暮らすようになった。

◉綱町研究所［慶應義塾福澤研究センター蔵］

徳川家より二千七百十一坪の敷地・建物を譲り受けた義塾は、ここに大学研究室を置き、「慶應義塾大学綱町研究所」と呼んで、文学部心理学教室、法学部法律鑑定部などが移った。同十八年には、当時必要に迫られていたアジアに関しての全面的研究を行う亜細亜《アジア》研究所が新設されて、この綱町の施設全てがあてられた。その後、第二次世界大戦の空襲による教職員の被災者の増加により、綱町グラウンドと共に収容施設として使用された。昭和二十年五月二十五日、当時塾長の小泉信三は綱町グラウンドの北側三田綱町九番

◉現在の三田綱町周辺

◉設立当初の女子高等学校正門　徳川家時代の門が残っていた。
［慶應義塾福澤研究センター蔵］

地にあった自宅にて罹災し、亜細亜研究所内の防空壕に避難し、翌日慶應病院に運ばれた。研究所の施設も前日の空襲でその約半分を焼失し、同二十一年三月に亜細亜研究所は廃止された。その後、焼け残った施設は職員の住居にあてられていた。

　昭和二十五(一九五〇)年四月、中等部からの女子進学者を受け入れるため、慶應義塾女子高等学校が開校した。その際、すでに幼稚舎・中等部・大学において実施していた男女共学を高等学校の段階でも採用すべきか否かが課題となったが、当時の実情に照らして、男女生徒数のアンバランスが教育上支障を生じやすいことを懸念したのと、心身の発達段階の点から見て、少人数の学校ならともかく、一学年九百名という当時の高等学校の定員では、施設や訓育の上から見ても共学は無理であろうとの結論に達し、女子高等学校の新設に踏み切ったのである(『慶應義塾百年史(下巻)』)。最初の一年間は中等部の校舎を借用し、翌二十六年四月、旧徳川邸の御殿風の家屋を改修し、新校舎一棟と併せて、現在の地での授業が開始された。

　現在、女子高本館二階につながるテラスへの階段脇に見える門は、旧徳川邸の庭園に使用されていた門であり、十三重の石塔を含む庭園が残っている。

［大澤輝嘉］

陸上・水上運動会の変遷

今日、運動会というとグラウンドで多くの人が運動競技や遊戯を楽しむ行事として認識されているが、この言葉が使われ始めた明治十年代から二十年代は、遠足やピクニックを指すという、いささか趣の異なる使われ方をされていた。その時代、明治二十年代半ばから、陸上だけでなく水上運動会を義塾では執り行っていたのである。

草創期の陸上運動会

義塾で最初の運動会（陸上競技会）が実施されたのは、明治十九（一八八六）年六月六日、場所は三田山上の運動場、現在の西校舎前から大学院棟のある辺りで、元島原藩の馬場であった。この年、帝国大学（現東京大学）および第一高等中学校は二回目の運動会を五月二十九日に開催していることから、義塾はそれより約一週間遅れて最初の運動会を

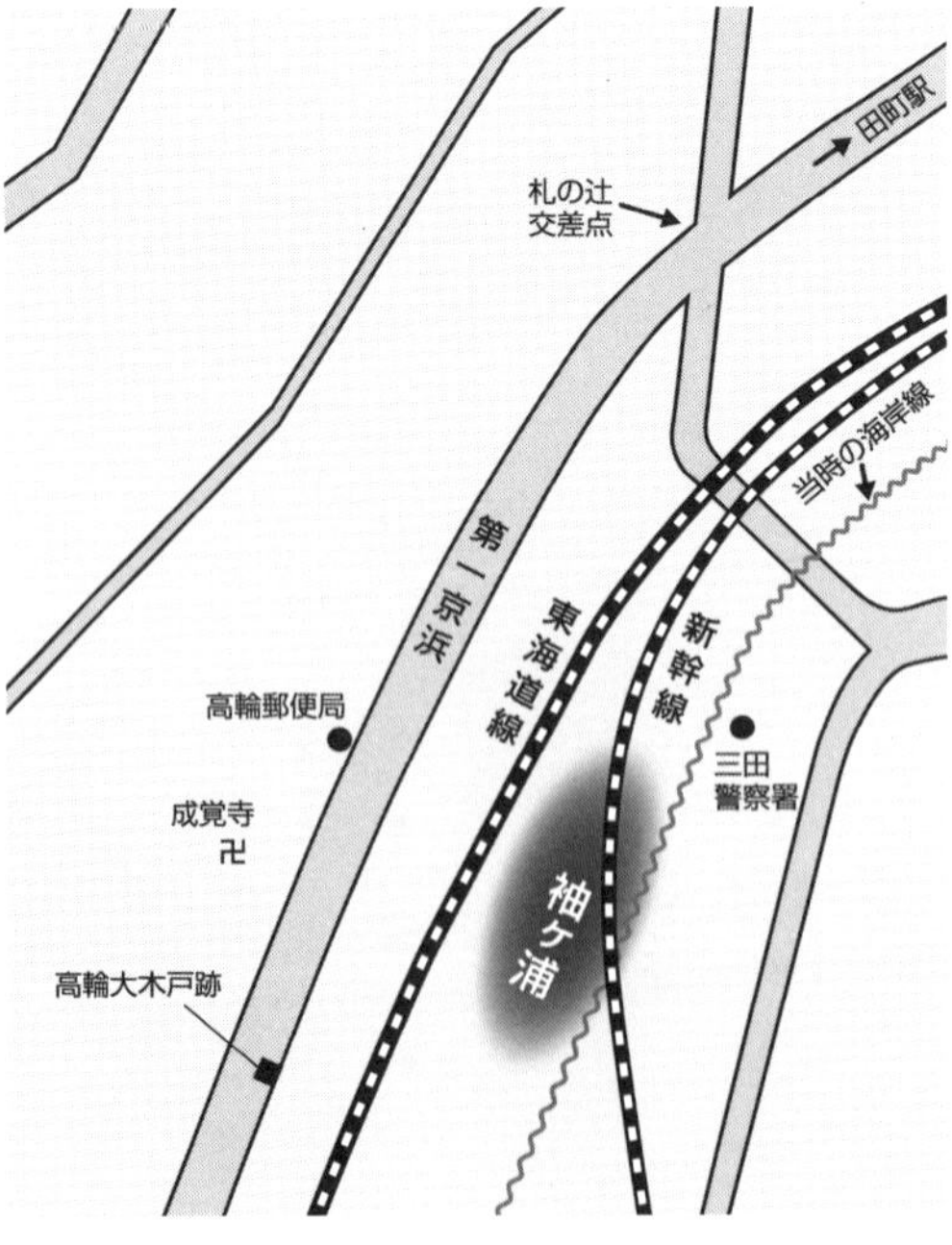

◉袖ヶ浦周辺略地図

開催したことになる。その後、明治二十三、四年のころまでは、春に陸上の競技会を、秋に遠足会を行っていた。

水上運動会の開始

秋の遠足会に代わって、明治二十五年十月十六日に、体育会端艇部主催のボート競技会として、袖ヶ浦(現在の芝浦沖、旧芝田町九丁目、高輪の大木戸の北東沖)で開催されたのが水上運動会と称される行事の第一回であった。この年は、いみじくも義塾の体育競技団体を総合する組織である体育会が創設された年でもあった。時事新報社からの賞品なども出て賑わった行事となった。

その後、端艇部では二十七年と三十年にそれぞれボート三雙ずつを新調し、三十一年三月には芝浦製作所内に艇庫も竣工し、競漕会は一層賑わいを増したのである。この頃話題になったのが、水上運動会にやや先立って行われていた陸上運動会との開催時期の問題であった。当初は五月上旬または中旬に行われていた陸上運動会の時期は雨天の場合が多く、準備に手間のかかる陸上運動会には都合が良くないので、雨の少ない秋に変更して、逆に水上運動会を春に移行しようというものであった。そして翌三十二年からは、春季に水上運動会を、秋に陸上運動会をそれぞれ開催するようになった。

その後またこれを変更し、同四十二年から大正十一年に至る十四年間は春に陸上、秋に水上を行っていたが、同十二年から、再々度変更し、春水上、秋陸上となり、戦後に至るまでこれが引き継がれていった。競技種目としては、全塾運動会は、長距離、短距離を問わずの各競走やフィールド競技が、水上運動会では、ボートレースや「たらいレース」が実施された。

◉昭和 34 年度水上運動会でのクラス対抗「たらいレース」

注目を浴びた普通部・商工対抗戦

一方、開催場所については、以下の変化があった。秋の運動会は、三田山上から明治三十七年からは綱町グラウンドで、昭和二年からは府下荏原郡矢口村の新田グラウンドで、同九年からは日吉の陸上競技場で「全塾運動会」として催された。また、体育会競漕会とも呼ばれていた水上運動会は、当初の芝浦沖から、明治三十五年以降は、太平洋戦争後に戸田に端艇場が竣工するまで隅田川で、「全塾水上運動会」として、幼稚舎生から大学生までが参加する全塾的行事として定着したのであった。大正期に入ると、明治三十八年に開校した商工学校と、兄貴分に当たる普通部との対抗戦が注目を浴びるようになった。

◉昭和 16 年の全塾大運動会での 1500m 走（慶應義塾普通部刊『KF』より）

当時塾内で同年代の若者が対抗する競技として、「普通部vs商工」は陸上でも水上でもその競技者だけでなく、応援する両校の生徒にとっても熱を帯びるものであった。普通部のスクールカラーである赤と、商工のそれである緑（青）の旗を振りながら、春は隅田川を遡上するボートに併走し、秋は日吉の陸上競技場のスタンドで、両応援団は応援歌を歌い続けたという。

旧制普通部出身の塾員の話によると、当時軍歌として世に知られていた『歩兵の本領』の替え歌として、以下の歌詞を記憶している。まずは春の水上運動会の応援歌詞は、

一、我が青春の脈管に　熱血溢れて逆巻けば
　　唐紅に萌え出ずる　赤軍の旗君見ずや
二、丹心わきて漲れば　青龍ひそんで声もなく
　　疾風若葉払うとき　緑の色は影もなし
　　ラ慶應ラ慶應　慶應慶應慶應慶應

秋の運動会では、

一、空澄み渡る秋の日に　団結ここに一千余
見よ熱血の迸《ほとばし》る　紅そめなす応援旗
二、力示さん時ぞ今　走れよ走れ
我が選手
月の桂の冠を　頭《こうべ》にかざせ
我が選手
ラ慶應ラ慶應　慶應慶應慶應慶應

であったそうである。また、商工同窓会の機関誌である『稲荷山から』の商工学校創立百周年記念号には以下の応援歌が記載されている。

（春）水上運動会用
一、天紺碧に澄み渡り　地は新緑に満たされて
黒鉄なせるこの腕　撫しつつ待ちし時は来ぬ
一、全身の覇気渾身の　熱血此処に溢れ来て
勝つと我が魂叫びなば　勝つと我が胸答うなり
フレ商工フレ商工　フレフレ商工

（秋）陸上運動会用
一、秋玲瓏《れいろう》の空高く　戦の鐘響きたり
いざや出で征け我が選手　立ちて振はん時は来ぬ
一、血潮はたぎる征夫の　この鍛えたる鉄脚に
疾風を凌ぎ雲を捲く　走れよ商工健男児
フレ商工フレ商工　フレフレ商工

対抗意識だけでなく、普通部の赤、商工の緑は、当時の両校生徒にとっていかに重要なものであったかが窺える。五月に赤い旗を持って隅田川に向かって浅草橋あたりを歩く普通部生に、警官から「おいこらなんだ、そのアカハタは」と声をかけられることもあったという。因みに、このスクールカラーの片鱗は、普通部ラグビー部のユニホームが「黒赤」、商工の後身である中等部ラグビー部のそれが「黒緑」で、共に体育会蹴球部の「黒黄」でないことに表れている。

戦後の変化

旧制の実業中学校であった商工が、太平洋戦争後、新制の中学校である中等部になっても水、陸両運動会は引き続き実施され、「普中戦《ふちゅうせん》」として、昭和三十年代までほぼ毎年開催されていった。陸上は昭和二十二年十月には日吉キャンパスが接収されていたため三鷹総合グラウンドで、翌二十三年十一月二十一日には芝公園で開催された。二十四年十一月六日には日吉の米軍接収解除・返還を祝う返還式

◉創立 150 年記念全塾大運動会（慶應義塾広報室提供）

と同時に、日吉グラウンドで開催されたことを機に、以降同グラウンドで開催されることとなった。水上運動会は、同二十三年六月十三日に隅田川で戦後最初の第四十回大会が実施された。翌二十四年五月二十二日には、戸田に建設された端艇部の新艇庫の落成式を兼ねて開催され、以降戸田での開催が続く。運営面では、大学生が主体となり、幼稚舎から大学生まで塾生としての一体感を生むという趣旨のもとに運営された。

しかし、一方でいくつかの問題点も発生した。具体的には、午前は幼稚舎、午後は諸学校の対抗戦となり、一部の出場選手以外は長時間拘束される、中心となるべき大学生の大半が不参加であるなどであった。加えて、春の水上は一学期の中間考査、秋の陸上は二学期の中間考査と時期が重なり、普通部、中等部の行事の多さなども起因して、昭和三十七年、全塾運動会、全塾水上運動会ともに途絶えてしまったのである。

その後、陸上運動会は、その主催母体のないことから、再開されることはなかったが、水上運動会は、平成十一(一九九九)年から、塾生にボート競技に親しんでもらおうと、再び体育会端艇部が主催する「塾長杯水上運動会」として、戸田オリンピックボートコースで毎年開催されるようになった。また、義塾創立一五〇年を記念して、平成二十年十月十一日には幼稚舎から塾員までが参加する全塾運動会が、新装なった日吉の陸上競技場と協生館のプールで執り行われた。競走部ＯＢの塾員と幼稚舎生徒との千メートルの交流競走という種目や、各部のユニホーム姿になった義塾体育会四十部の行進などが華やかに催された。

［大澤輝嘉］

学食の変遷

三田以前の食堂

芝新銭座時代、塾生が生活を共にした寄宿舎の敷地内には食堂が備えられていた。これがおそらくわが国で初めての学生食堂であると言われている。鉄砲洲の私塾時代も食堂と名付けられた部屋はあったが、実質的には炊事室というべきもので、塾生は各自の部屋で食事をしていた。しかし、芝新銭座に移り「慶應義塾」と命名したときに、福澤先生は、『慶應義塾之記』を印刷配布し、本格的な教育活動を開始すると、同時に食堂の様相も一変する。

この『慶應義塾之記』には、まず義塾の組織や洋学の重要性を説くなどの本文があり、続いて「規則」と題して門限や、金銭貸借や落書きの禁止などの一般的な取り決めに続いて、別に「食堂規則」として以下の条文が記されている。福澤が塾生の食環境に早くから注目していたことが分かるので、少々長文であるが全文を引用する。

一、食事は朝第八時、昼第十二時、夕第五時と定む。但し日の長短に従て次第に其差あるべし。

一、食事の報告、第一柝《たく》(注：拍子木のこと)を聞て各々用意し、第二柝を聞て食椅に就き、第三柝より食終るまで西洋一時を限とす。此時限に終るゝ者は其次第を食堂監へ申出べし。但し期に後れて食する者は食後自分にて掃除すべし。此掃除とは、自分の用ひし食椅并に其辺の汚穢を払ひ、ふきんにて拭くふ事なり。

一、自席にて飲食するを禁ず。飲食の器をも坐右に置べからず。

一、三度常食の外、私に食堂にて飲食するものは必其跡を掃除すべし。

一、日曜日は業を休み、午後第二時より食堂にて飲食勝手次第。但し大酒を用ひ妄に大声を発するは厳禁なり。
一、食椅を食堂外へ持出し或は他の用に供すべからず。但し読書正坐に倦み暫食椅上にて書を読む事は不レ禁。
一、午後晩食後は、木のぼり、玉遊等「ジムナスチック」の法に従ひ種々の戯いたし、勉て身躰を運動すべし。
右の条々相守、若し不便の事あらば互に商議して是を改むべし。

このことから、全塾生が一堂に会して、早くも椅子に座って食事する欧米風のスタイルを導入していたことが窺える。また、学問だけでなく、運動の重要性に重きを置いていた先生の先見性を表すときに良く引用される一文もこれが初出である。加えて、この規則が教員による強制ではなく、問題があれば合議の上変更できることも注目に値する。

三田移転後

明治四(一八七一)年の三田移転後には、新たに『慶應義塾社中之約束』が配布されたが、それにも次のような「食堂の規則」が掲げられている。

第一条　食事の時刻は、日の長短に従て、時々布告す可し。
第二条　食事の時間は朝夕一洋時半づゝ、昼は一洋時を限る。此期に後るゝ者は食に就くを許さず。
第三条　銘々名前の席に就き、互に席を乱る可らず。食椅を汚す事あれば、其席主の責なり。
第四条　立て食事をする禁ず、腰掛台に乗て食事するを禁ず。
第五条　ドテラ、三尺帯等、不相当の衣服を着し、食に就くを禁ず。

食事時間を守ることだけではなく、食堂でのマナーや服装にも言及している点が興味深い。

学生数の増加により義塾は明治三十三年九月に、一二〇坪の大食堂を設け、塾生に三度の食事を供した。昭和初期には、大食堂、小食堂の他に萬來舎も食堂になり、二十六番教室の地階には共済会の食堂も加わったが、昭和六(一九三一)年に廃止され、翌七年に塾監局の地下室にテンセン食堂ができた。この食堂は、医学部食養研究所が調理した食事が十銭という廉価で供され、塾生の人気を呼んだ。大食堂の経営は昭和十年に慶應義塾消費組合に移管され、同十六年に組合が解散すると組合の調理担当者であった塚田馨に経営が委託されたが、同二十年五月の空襲で焼失してしまう。

山食（山上食堂）

山食の初代経営者である塚田馨は、昭和九年から義塾の食堂に勤務し、日吉の赤屋根食堂や三田の万來舎の食堂などでの業務に従事していた。空襲で焼失した食堂を復興すべく、綱町から材木を集めて現在の西校舎付近にバラックの食堂を再建し、食糧難の塾生に食事を提供し続けた。現在、山食の食券と料理の引き替えカウンターの上に、慶應義塾から馨に贈られた感謝状が掲げてある。

◉「山食」と壁画デモクラシー

「山食」の名称が定着するのは戦後であるが、その由来には二つの説がある。昭和初期の三田にはいくつかの学生食堂があり、これらはキャンパス外の商店と対比して「山上の食堂」と呼ばれていたが、戦中から終戦直後の時期は塚田の営業する食堂が三田山上唯一の食堂であったため、「山上食堂」との名称が縮まって「山食」になったというものである。また、馨の夫人であり、「山食のおばちゃん」と呼ばれた二代目社長である塚田幸の話では、「焼け跡に寄せ集めのテーブルで、本当に哀れな食堂が出来上がったんです。私、覚えておりますけど、その時に塾生さんが『ここは風が吹くと随分動くね』といって、『まるで山の食堂じゃないか』って。それからだれ言うとなく『山食』というふうになってしまったんです」（『三田評論』昭和六十年八・九月号）との説もある。

◉慶應義塾からの感謝状と現在の山食の厨房

昭和二十四年にその跡地に建設された学生ホール内に移り、猪熊弦一郎の壁画「デモクラシー」と共に、西校舎建設で現在北館のある場所に移築後も、多くの塾関係者に親しまれた。平成三年、北館の建設で学生ホールが取り壊され、現在の西校舎内に移転し、「有限会社山食」として営業を続けている。現在、三田キャンパスには、西校舎の「生協食堂」、「山食」、そして南校舎の「ザ・カフェテリア」の三つの学生食堂がある。

赤屋根食堂・グリーンハウス

日吉キャンパスが開設された昭和九年の十一月に、現在の高等学校南側グラウンドの東側中央付近に、消費組合が経営する大食堂がオープンした。コテージ風の木造一部二階建ての一七〇坪の建物は、塾生から長らく「赤屋根食堂」の愛称で親しまれていた。日吉キャンパスが米軍に接収されていた同二十一年三月に建物は焼失してしまった。返還後、高等学校の食堂として再建されたが、昭和四十八年頃建物も取り壊された。

昭和二十五年、米軍からの返還に伴い、もともと川崎市登戸に疎開していた大学予科で食堂を経営していた田沼文蔵が、大学と高校の食堂を開設した。後に文蔵は会社名を「グリーンハウス」としたが、これは塾生から公募して決定したもので、採用された塾生には、食券一年分が贈呈されたという。グリーンハウスは、現在も第六校舎地下一階の「グリーンズテラス」や、高等学校や普通部、横浜初等部の食堂などを運営している。

◉赤屋根食堂［慶應義塾福澤研究センター蔵］

梅寿司

義塾所有の新田運動場近くで営業していた「梅寿司」は、

塾野球部の関係者に親しまれていた。武蔵新田の生まれで、経営者の飯田信治（昭和四十八年特選塾員）は、大の慶應ファンであったが、日吉開設に伴い、新田運動場は閉鎖・売却され、塾野球部も日吉に合宿所と練習場を移すことになった。それを追って信治自身も日吉に引っ越し、日吉キャンパスに「梅寿司」を再開し、塾野球部から贈呈された暖簾を掲げて、平成二年まで約四十年商売をしていた。

昭和四十年頃の「梅寿司」について、塾員で元ＮＨＫアナウンサーの宮本隆治が、次のように思い出を書き綴っている。

「日吉学食には当時、大学の食堂には珍しい寿司屋がありました。ある日、一人の男子学生が丼に入った赤黒いものを食べています。九州は玄界灘の白身魚しか知らない私には初めて見るものでした。それが〝鉄火丼〟だったのです。ラーメンが六〇円なのに鉄火丼は一三〇円くらいしたと記憶しています」（『三田評論』平成十七年七月号）。

現在の日吉の食事情

戦後の日吉キャンパスには、グリーンハウス、三村食堂、三色ハウス、二幸食堂、梅寿司、グリーンズテラスなどの業者食堂があった。昭和四十九年には鉄筋コンクリート建ての食堂ホールが完成し、日吉に初めて生協食堂が登場した。平成十七年の食堂棟全面リニューアルにより、現在は一階部分に生協が経営するカフェテリア形式の「遊遊キッチン」、「麺's遊遊」が、二階にはグリーンハウスが運営する「グリーンズマルシェ」と、「G's Café」、「SBOTEN Express」が塾生の食欲に応えている。

信濃町キャンパス

信濃町の医学部には、大正九年の創立当時から業者食堂があったが、昭和二年に二階建ての三四会館ができ、一階に食堂が入り、教職員、塾生が利用した。また、戦後六号棟地下の「レストランえん」、新棟十一階「オアシス」も営業していた。現在は、同じ十一階の場所にレストラン「ザ・パーク」がある。また、中央棟地下の「木村家」、病棟正面玄関脇にはレストラン「百花百兆」があるが、かつてほぼ同じ場所に「慶應四谷食堂」があった。この食堂はやがて「レストラン・喫茶　ブランシェ」と店名を変えたが新病棟着工の際に建物は取り壊されている。また、「スターバックスコーヒー」や「ナチュラルローソン」のイートインコーナーも、多忙な塾生から人気があるようだ。

［大澤輝嘉］

各キャンパスの福澤諭吉像

平成二十一年一月から三月八日まで、上野の東京国立博物館で開催された「未来をひらく福澤諭吉」展の会場入口を飾った福澤諭吉の羽織袴姿の等身大座像がある。これが最初の福澤像で、生前に福澤自身がモデルとなり、近代彫刻の先駆者大熊氏広が制作したものである。本項では義塾各キャンパスにある福澤像を取り上げてみる。

志木高等学校正面玄関 ～座像(ブロンズ像)～

初めて福澤諭吉の銅像制作の話が持ち上がったのは、明治二十四(一八九一)年頃だったと伝えられている。福澤の姿を後世に残したいという話が塾員の間からおこり、たちまち千名近くの賛成を得たという。当初、自分の銅像を作るのは無益で、その資金を困窮する塾の資金にすべきであると、容易に同意しなかった福澤も、塾員の熱心な希望を聞き入れ制作に至ったといわれている。当時一流の彫刻家としてその名を知られていた大熊氏広が制作を担当した。大熊は当初椅子に腰掛けたデザインを考えたが、和服では落ち着かず、座像になったという。

大熊は毎週一定の日と時間を決めて幾度も福澤邸を訪れ作業に当たったが、福澤の表情の変化が激しく苦心したという。「胸襟を開いて愉快な思いに心を遊ばせているときと、沈思黙考して深く想を練っているような場合とでは相貌がほとんど別人の観を呈し、いずれを先生の真の表情として捉えるべきかに、ほとほと困惑したという」(富田正文「大熊氏広作福澤先生銅像について」『三田評論』六八五号所収)。時には福澤が約束を違えて作業が進まないこともあった。福澤の顔かたちが決まると、胴体は福澤と体格の似た人物に羽織袴を着させるなどして、約三年の歳月を費やしてほぼ等身大の座像が完成した。

大熊氏広（安政三〈一八五六〉年～昭和九〈一九三四〉年）は、武蔵国足立郡中居村（現在の埼玉県鳩ヶ谷市）出身。明治九年、日本初の本格的美術学校である工部美術学校が創立された年に彫刻科に入学し、イタリア人彫刻家ラグーザ門下の一期生として首席で卒業。その後、有栖川宮邸新築にともない、彫刻を担当することになる。有栖川宮邸は、イギリス人建築家ジョサイア・コンドルの設計によるフランス・ルネサンス様式を用いた純洋風のもので、大熊は舞踏室の柱の和楽器類の彫刻と車寄せの前飾りの彫刻などを受け持った。

◉志木高福澤座像（慶應義塾広報室提供）

明治十七年には工部省工作局営繕課に入り、皇居や官庁の建築修繕に携わり、同十八年に工部省が廃止されると、内務省土木局に移る。この頃から肖像彫刻を手がけ始め、「大村益次郎像」制作の依頼を受けると、更なる技術向上のため渡欧を決意し内務省土木局を退官、三菱財閥二代目岩崎弥之助の援助を受けヨーロッパに留学する。明治二十二年帰朝する際、同じ船に乗り合わせたのが、福澤門下の高橋義雄であった。これが縁となって、大熊に福澤像作成が依頼されたのである。同二十六年二月、靖國神社境内に大村像を建立、この日本初の西洋式銅像の成功により、その名声は不動のものとなる。彫刻の多くは当事者の依頼によるもので、モデルは皇族・政治家・軍人・実業家・学者と幅広く、日本を代表する彫刻家として重きを成していった。

福澤の座像は、かつて適塾時代の学友であった大村の銅像より八カ月後の、明治二十六年十月二十二日、三田の煉瓦講堂二階の会議室に設置・披露された。その開披式で福澤は、「諸君が銅像を作りたるは、福澤諭吉の容貌を写すに非ずして、慶應義塾の紀念碑にするの意なる可し。此松は此人の生れたる年に植えたりと云へば生前死後の紀念に存ずるが如く、義塾は諭吉の発意に生じたるものにして、諭吉の像は即ち塾を写したる像なるゆゑに、諸君が此塾を百年の後までも忘れざる為めに、云はゞ松の木の代りに銅像彫刻の挙に及びしことならん。銅像即ち慶應義塾と云ふも不可なきが如し」（『時事新報』明治二十六年十一月一日付）と語っている。

しかし、福澤は自分の似姿が絶えず衆目に晒《さら》されることに気が晴れなかったという。二年後の同二十八年暮れに、日清戦争で延期になっていた先生の還暦祝いにと、門下生一同が、福澤の事業を、暗夜を照らして航路を指し示す灯台にたとえて、回転式の灯明台に時計をはめ込んだ灯台の置物を再び大熊に作らせて贈った。先生はこの灯台の置物と座像を交換させ、それ以降、座像は福澤家の土蔵内に秘蔵され、その後関係資料と共に福澤家から義塾の倉庫に移され保存されていたのである。そのため永くその姿を見られなかった一方、第二次世界大戦の金属供出をも免れたのであった。志木高校への移設は、現校舎竣工翌年の昭和四十四年六月。福澤宗家代表も参加し、除幕披露された。

大学三田キャンパス ～胸像（ブロンズ像）～

昭和二十九（一九五四）年、福澤先生銅像建設会の寄贈で、柴田佳石制作の胸像。先生歿後五十年を経て、先生の面影を知る者が少なくなったことから、当時福澤像のなかった三田山上に据えようとした運動がきっかけとなった。除幕式は先生の一二〇回目の誕生日である一月十日に挙行された。柴田は本名福四郎、明治三十三年に東京で生まれ、普通部出身、「長崎平和祈念像」の作者として知られる北村西望に彫塑を学び、昭和二十六年、日本陶彫会の発足時の会員になる。日展に委嘱出品を続け、後に「珂石」あるいは「珂赤」と称し、同四十三年、六十七歳で歿した。

◉三田キャンパスの胸像（慶應義塾広報室提供）

当初、三田第一研究室前庭に、谷口吉郎の選定で設置されたが、昭和四十二年、研究室棟建て替えのため撤去された後、学生運動の混乱期も含めて長らく義塾の倉庫に納められていた。昭和五十八年九月二十九日、福澤研究センター設立を機に、図書館旧館正面玄関左側に移設された（二〇一七年十月現在、図書館旧館改修工事のため演説館脇に移設されている）。胸像背面銘文に「独立自尊　一九五三 佳石謹作」とある。

この胸像と同じ塑像による胸像がいくつかあり、その第一作が天本淑朗ら数名の交詢社社員から交詢社に寄贈されたものである。天本は、当時横浜護謨《ごむ》製造会社の社長で、柴田とは普通部以来の友人であった。銅像除幕式は昭和二十八年五月二十二日、交詢社において行われた。作成に当たって、福澤の肖像写真を参考に、福澤の四女志立タキや四男大四郎、『時事新報』の風刺漫画で活躍した北澤楽天らの助言を受けて、一年有余の時を費やして作られたといわれている。

柴田は、福澤の娘婿の福澤桃介などの義塾関係者の胸像や、岐阜公園内にある「板垣退助像」も制作している。また、余り知られていないが、かつて小田原駅改札脇に設置され、現在同駅東口にある小便小僧のブロンズ像も彼の作品で、有名な浜松町駅ホームのそれより二年前の昭和二十五年の作である。

幼稚舎自尊館ロビー ～胸像（レリーフ）～

本郷新制作。昭和三十九（一九六四）年、幼稚舎創立九十周年記念事業として建設された講堂、「自尊館」のロビーに先生像が取り付けられた。

◉幼稚舎自尊館ロビーの胸像

本郷新（明治三十八〈一九〇五〉年～昭和五十五〈一九八〇〉年）は、北海道札幌生まれの日本の彫刻家で、新制作協会彫刻部創立会員。大正八年旧制札幌第二中学校（現北海道札幌西高等学校）に入学。一度東京へ移った後に同十四年に旧制・北海中学（現北海高等学校）、昭和三年に東京高等工芸学校彫刻部（現千葉大学工学部）を卒業し、高村光太郎に師事する。同六年国画会の国画奨学賞を受賞し、同九年に国画会会員となるも、同十四年に退会し、新制作協会彫刻部創設や、日本美術会創設に参加した。戦没学生の記念像「わだつみのこえ」が代表作である。大学三田図書館の地下一階にある「わだつみのこえ」は、昭和十年卒業の横山正二が、本郷から買い取っていたものを、平成元年に塾に寄贈したもの。

信濃町キャンパス大学病院中央棟玄関ロビー ～胸像(ブロンズ像)～

三田キャンパスと同様、柴田佳石制作のもの。医学部第三回同級会(大正十四〈一九二五〉年卒業)から寄贈され、昭和五十年四月二十七日に設置された。

大学日吉キャンパス図書館前 ～胸像(ブロンズ像)～

山名常人《やまなつねと》の制作で、昭和六十(一九八五)年五月十八日に除幕。この年は、福澤生誕一五〇年、商工学校創立八十年と節目の年でもあり、塾当局の「誰からも親しまれ、品格のある胸像を日吉図書館前に」との要望を受け、慶應義塾商工学校同窓会、工業学校同窓会、中等部特別第一回・第二回卒業生の寄贈により設置された。山名は、東京高等工芸学校(第二次大戦中は東京工業専門学校、現千葉大学工学部)彫刻部の第八回卒業で、新構造社所属の彫刻家。仏師でもあり、数多くの仏像も制作している。

台座には、同窓会員から寄せられた「未来の塾生にたいする提言」をはじめとする資料を入れたカプセルが納められている。先生生誕三〇〇年(西暦二一三五年)に開けられるタイムカプセルとなっている。

◉日吉キャンパスの福澤胸像(慶應義塾広報室提供)

湘南藤沢キャンパスメディアセンター脇 ～胸像(ブロンズ像)～

日吉キャンパスと同じ原型による、山名常人制作の胸像。これまた同じく、慶應義塾商工学校同窓会、工業学校同窓会、中等部特別第一回・第二回卒業生の寄贈により、平成三(一九九一)年十月五日に設置された。

[大澤輝嘉]

あとがき

慶應義塾の月刊誌である『三田評論』で「慶應義塾史跡めぐり」がはじまったのは、二〇〇六年四月号であった。以来、二〇一五年八・九月合併号まで、連載は百二回に及んだ。内容の企画と執筆を担当したのは、加藤三明さん、大澤輝嘉さんと私の三人であったが、加藤さんは、長年、史跡を訪ねる度に、幼稚舎の『仔馬』に、御自身の探索の様子を追体験できるような報告を寄稿していた。大澤さんも同様に、中等部の紀要『ウェリタース』にしばしば報告して来た。また、様々な世代の塾生と共に史跡めぐりをする機会の多い三人でもあった。そのような蓄積の上ではじまったのがこの連載であった。

連載のうち、福澤諭吉に関するものは、既に『福澤諭吉歴史散歩』として二〇一二年に出版されていたが、そこに収められていない、慶應義塾のキャンパスにある史跡、門下生に関するものなど全国の史跡・ゆかりの地を『慶應義塾歴史散歩　キャンパス編』『同　全国編』に分けてこのたび出版することとなった。

通読すると、それぞれの史跡について、その回の担当者の興味によって、時には詩、音楽、スポーツ、建築……と、様々な面白がり方で語っていることがよくわかる。史跡には、それに関するエピソードがまるで地層のように幾つも積み重なっており、それを語る切り口も、様々にある。そうであってこその史跡とも言える。読者の方々には、全体を眺め、そのことを感じ取って頂けることであろう。しかし、史跡個々については、限られた頁数の中で、ほんの一部、一断面を記述したに過ぎない。これを参考に史跡に行くだけで終わるのではなく、自身の興味の赴くままに、独自の切り口からも歴史散歩を膨らませ、更に愉しいものにして頂きたい。

主な史跡は三冊に網羅できていると思われるが、これが全てではない。新しいキャンパスや校舎にも、そこに過ごす塾生達の新たな思い出と様々なエピソードが積み重ねられ続けている。全国にある門下生の活動を示す史跡も限りがない。私達も新たな史跡めぐりを続けることになるが、読者の方々にも新たな史跡の発掘を楽しんで頂きたいと思う。

この連載と三冊の出版は、義塾広報室の歴代の『三田評論』担当諸氏と、慶應義塾大学出版会の及川健治氏の御理解と御尽力のお陰でもある。また、福澤研究センターの西澤直子氏と都倉武之氏にも執筆頂いた。関係された全ての方々に深い謝意を表したい。

平成二十九年十月

著者を代表して　山内慶太

〈編著者略歴〉
加藤　三明（かとう　みつあき）
慶應義塾幼稚舎教諭。元幼稚舎長。1955 年生まれ。1978 年慶應義塾大学経済学部卒業。79 年慶應義塾幼稚舎教諭。慶應義塾福澤研究センター所員。日本私立小学校連合会常任理事、東京私立初等学校協会副会長を経る。著書に『福澤諭吉歴史散歩』（共著、慶應義塾大学出版会）。

山内　慶太（やまうち　けいた）
慶應義塾大学看護医療学部・大学院健康マネジメント研究科教授。1966 年生まれ。1991 年慶應義塾大学医学部卒業。博士（医学）。慶應義塾福澤研究センター所員。福澤諭吉協会理事。慶應義塾横浜初等部の開設準備室長、部長を歴任。著書に『福澤諭吉歴史散歩』（共著、慶應義塾大学出版会）。

大澤　輝嘉（おおさわ　てるか）
慶應義塾中等部教諭。1969 年生まれ。1992 年慶應義塾大学理工学部卒業。福澤諭吉協会会員。担当教科は数学。著書に『福澤諭吉歴史散歩』（共著、慶應義塾大学出版会）。

「慶應義塾図書館」「日吉地下壕」執筆
都倉　武之（とくら　たけゆき）
慶應義塾福澤研究センター准教授

慶應義塾 歴史散歩　キャンパス編

2017 年 10 月 31 日　初版第 1 刷発行

編著者――――加藤三明・山内慶太・大澤輝嘉
発行者――――古屋正博
発行所――――慶應義塾大学出版会株式会社
〒108-8346　東京都港区三田 2-19-30
TEL〔編集部〕03-3451-0931
〔営業部〕03-3451-3584〈ご注文〉
〔　〃　〕03-3451-6926
FAX〔営業部〕03-3451-3122
振替 00190-8-155497
http://www.keio-up.co.jp/
装　丁――――中垣デザイン事務所
印刷・製本――港北出版印刷株式会社
カバー印刷――株式会社太平印刷社

Printed in Japan　ISBN 978-4-7664-2469-0